F[illegible] [illegible]orgenthaler

[illegible]echnik

Fritz Morgenthalers Theorie der psychoanalytischen Technik ist so ketzerisch wie orthodox. Der analytische Prozeß wird ganz im Sinne Freuds gesehen, jedoch entgegen der herrschenden Praxis als ein dynamischer Vorgang, der nicht nur eine Person, den Analysanden, betrifft und verändert, sondern zwei: Die analytische Beziehung baut sich zwischen zwei Partnern auf, die beide nicht konfliktfrei sind. Wenn der Analytiker das vergißt, ist es um die Dynamik der Beziehung geschehen. Anstatt mit einem emotionalen Angebot zu begegnen, dem ein Echo des Analysanden folgen kann, sieht er den Partner nur noch als Patienten.

Die analytische Beziehung, sagt Morgenthaler, ist ein dialektischer Prozeß. Um ihn in Gang zu setzen und zu gestalten, verfügt der Analytiker über technische Hilfsmittel, die hier an bestimmten Situationen und Sequenzen konkreter analytischer Prozesse entwickelt werden.

Fritz Morgenthaler, geb. 1919, arbeitete als Spezialarzt für Neurologie in Zürich und unterrichtete am dortigen Psychoanalytischen Seminar. Zusammen mit Paul Parin und Goldy Parin-Matthèy machte er ethnopsychoanalytische Untersuchungen bei den Dogon und den Agni. Die Ergebnisse dieser Forschungen enthalten die beiden Bände *„Die Weißen denken zuviel"* (1963) und *„Fürchte deinen Nächsten wie dich selbst"* (1971). 1984 erschien *„Homosexualität, Heterosexualität, Perversion"*. Von den gemeinsamen Afrikareisen von 1954-1977 erzählt Paul Parin in *„Zu viele Teufel im Land"* (Syndikat, 1985).

Fritz Morgenthaler starb am 26. Oktober 1984 in Addis Abeba.

Fritz Morgenthaler

Technik

Zur Dialektik der psychoanalytischen Praxis

Syndikat

CIP-Kurztitelaufnahme der Deutschen Bibliothek

Morgenthaler, Fritz:
Technik : zur Dialektik d. psychoanalyt. Praxis /
Fritz Morgenthaler. – Frankfurt am Main :
Syndikat, 1986.
(Taschenbücher Syndikat, EVA ; Bd. 72)
ISBN 3-434-46072-1
NE: GT

Taschenbücher
Syndikat / EVA Band 72
März 1986

Motiv: „Weiße Stühle“. Ölgemälde von Fritz Morgenthaler
Gesamtherstellung: Ebner Ulm
Printed in Germany
ISBN 3-434-46072-1

Inhalt

Einleitung 7

1. Theorie der Technik und analytischer Prozeß 12
2. Die Sukzession im Assoziationsverlauf 30
3. Prioritäten und Relativierungen 42
4. Die Aktualisierung des Übertragungskonflikts 58
5. Die Identifikation 74
6. Der Übertragungswiderstand 92
7. Die Dynamik der Widersprüche im Deutungsprozeß 102
8. Die Durcharbeitung eines Übertragungswiderstandes 109
9. Funktion und Struktur der rekonstruktiven Deutung 120
10. Viele Wege führen zu keinem Ziel 138

Einleitung

Meine Gedanken zur Technik habe ich seit Jahren für die Teilnehmer des Psychoanalytischen Seminars Zürich in Vorträgen entwickelt und diskutiert. Als ich 1977 die Möglichkeit hatte, einen großen Teil des vorliegenden Textes meinen psychoanalytischen Kollegen der René-Spitz-Gesellschaft München vorzutragen, kam es bei der anschließenden Diskussion und später zu Gesprächen zwischen Hans Kilian und mir, die ich auszugsweise wiedergebe, weil ich dadurch meine Betrachtungen über die Dialektik in der psychoanalytischen Praxis am anschaulichsten einleiten kann.

F.M.: Wenn es Ihnen recht ist, lasse ich das Tonband der Diskussion an jener Stelle nochmals ablaufen, wo Sie Fragen stellen, die mich sehr beschäftigen.

Kilian: Sie denken wohl an jene Einwände, die sich mit der mangelnden Orientierung befassen und Ihnen vorwerfen, keine festen Standpunkte einzunehmen?

F.M.: Diese Stelle ist es, die ich im Auge habe.

Tonband (Kilian): Mir fehlt es an einer Orientierung. Es ist mir nicht klar geworden, ob Sie eigentlich *für* etwas Bestimmtes oder *gegen* etwas Bestimmtes sprechen. Steuern Sie darauf hin, eine bestimmte analytische Praxis zu fördern, oder haben Sie Mißstände im Kopf, die Sie ausgeräumt sehen möchten? Vieles, von dem Sie sprechen, hat so etwas nicht zu Fassendes. Es bleibt eine Orientierungslosigkeit zurück. Mir fehlt etwas wie ein archimedischer Punkt, von wo das Ganze anzufassen ist. Daß man an der Übertragung arbeiten muß, anerkennt natürlich jeder Analytiker, aber *warum* das eigentlich so ist, geht für mich jedenfalls aus Ihrer Darstellung nicht hervor. Sie haben das emotionale Geschehen in den Mittelpunkt gestellt. Da würde ich Ihnen auch zustimmen, aber ich möchte gerne wissen, woher es kommt, daß das die Hauptsache ist. Kommt man nicht letztlich doch nicht darum herum, daß das, was Analysand und Analytiker tun und tun wollen, von etwas Außeranalytischem bestimmt wird? Ich meine von bestimmten Zielen, die angestrebt werden. Ist es nicht wichtig, auf das einzugehen, was die Einzelnen wollen, die kommen und die bereit sind, eine Analyse zu machen? Wer bestimmt da und wer ist bereit, wem zu folgen? Ich hätte das Bedürfnis, diese Faktoren näher zu untersuchen und einen festen Standpunkt einnehmen zu können, von dem ausgehend ich mir Gedanken machen könnte über die Bedeutung der emotionalen Bewegung, über die Faktoren, die sie in Gang bringt, und über die Schwierigkeiten, die das macht.

Tonband (F.M.): Die Anregungen, die Sie machen, haben einen sehr wesentlichen Stellenwert für das, was der Analytiker bewußt durcharbeitet, wenn er mit einem Analysanden den Prozeß einleitet und aufrechterhält und schließlich zu Ende führt, den wir als Analyse bezeichnen. Aber gerade in diesem Zusammenhang bin ich der Ansicht, daß eine Theorie der psychoanalytischen Technik, wie ich sie verstehe, sich von Ihren Erwägungen und Anregungen distanzieren sollte. Nicht weil sie unwichtig sind, sondern weil das Unbefriedigende, das Sie ansteuern, ein immanenter Bestandteil der psychoanalytischen Technik ist und meiner Meinung nach auch bleiben sollte. Es ist nicht die Aufgabe der Theorie der Technik, diese Bedürfnisse, die Sie mit Recht anführen, zu befriedigen. Die Konzepte der Technik sind Hilfsmittel, auf die wir zurückgreifen, wenn wir in Schwierigkeiten kommen ...

Kilian: In Ihrer Darstellung der psychoanalytischen Technik machen Sie immer wieder eine Unterscheidung zwischen ausdrücklich definierten Konzepten und einer unausdrücklichen Komponente, welche zum Beispiel in den Rollen zum Ausdruck kommt, die man einnimmt. Dies scheint der nicht intendierte Teil zu sein. Was Sie beschreiben, zeichnet eine Wirklichkeit, die man eher als eine Theorie der psychoanalytischen Praxis bezeichnen könnte. In einer Praxis geht es nicht nur um die definierten Eingriffe, sondern auch um alle die Faktoren, die in diese Prozesse hineinspielen, die wir als Technik bezeichnen, die aber im Grunde genommen ausgelassen werden, an die man nicht gedacht hatte.

F.M.: Das gilt nicht nur für die Technik, sondern auch für die Theorie. Ich erinnere Sie an unser Gespräch über meinen Kursbuch-Artikel*, als Sie Ihre Thesen über Spiel und Ernst entwickelten und mich

* F. Morgenthaler, »Verkehrsformen der Perversion und die Perversion der Verkehrsformen«, *Kursbuch 49*, 1977, S. 135–148.

darauf hinwiesen, wie wichtig es theoretisch und praktisch ist, das Ernste spielerisch und das Spielerische ernst zu nehmen. Ich hatte Ihre Thesen übernommen, weil sie mit meinen Ansichten über Relativierungen und widersprüchliche Vorgänge in der Psychoanalyse übereinstimmen ...

Kilian: Sie beschreiben die psychoanalytische Situation wie eine soziale, gesellschaftliche, so daß ich mich frage, inwieweit Sie auf eine Theorie der Praxis hinsteuern, statt auf eine Theorie der Technik.
F.M.: Ich bin der Meinung, daß eine Theorie der Technik notwendigerweise eine Theorie der Praxis sein muß.

Kilian: Ich möchte den Versuch machen, Sie zu interpretieren. Wenn ich Sie richtig verstanden habe, stellten Sie dar, daß die Eigenschaften des Analytikers dadurch in Schwebe gehalten werden, daß er sie reflektiert. Das Wort »Reflexion« haben Sie ausdrücklich nicht verwendet.

F.M.: Ich verstehe jetzt, weshalb Sie soeben von einer unausdrücklichen Komponente und von einem nicht intendierten Teil gesprochen haben, der in meinen Darstellungen in Erscheinung tritt. Vieles bleibt offenbar unklar, weil ich es nicht explizit ausspreche. So verhält es sich auch mit dem, was Sie über die Reflexion gesagt haben. Es fällt mir erst jetzt auf, daß ich davon nicht explizit gesprochen habe. Ich müßte sagen, daß Reflexion in der analytischen Situation im Dienste der Aufrechterhaltung der eigenen dekonfliktualisierten Ichfunktionen steht.

Kilian: Im Grunde haben Sie angeboten, daß Technik mit einer bestimmten Denkweise zu betreiben sei, die immer davon ausgeht, daß Vereinfachungen vermieden werden müssen. Eine Trickkiste, eine Technik, die Kompliziertes vereinfacht, führt nie zu einem analytischen Prozeß. Genaugenommen haben Sie damit gesagt, daß Sie mit einer dialektischen Denkweise an die analytische Arbeit herangehen und nicht mit einer positivistischen, bei der man tatsächlich eine Technik, eine Regel, eine Methode für etwas Festes hält, das man, wenn eine bestimmte Situation gegeben ist, nur anzuwenden braucht, um etwas Bestimmtes zu erreichen. Ich würde das, was Sie gesagt haben, so zusammenfassen: Wenn man psychoanalytisch arbeiten will, kann man nicht technisch denken, nicht methodisch vorgehen im positivistischen Sinne, sondern dann muß man dialektisch denken. Das haben Sie gesagt. Sie haben nur Ihre eigene Denkstruktur nicht beschrieben. Das ist es, was gefehlt hat.

F.M.: Ich war bisher der Ansicht, daß meine Denkstruktur aus meiner Darstellung ersichtlich wird.

Kilian: Es genügt nicht, wenn Sie diesen Eindruck haben. Sie müßten sie beschreiben, damit sie verständlich wird. Genaugenommen könnte man sagen: Sie sind ein unausdrücklicher Dialektiker. Sie müßten, um sich gut verständlich zu machen, ein ausdrücklicher Dialektiker sein. Sie müßten Ihre eigene dialektische Denkstruktur theoretisch so formulieren, daß wir dann natürlich auch zu der Frage kommen: Kann man das, was Sie machen, noch Technik nennen?

F.M.: Ich bin der Auffassung, daß meine Betrachtungsweise durchaus nicht im Widerspruch mit der klassischen psychoanalytischen Technik steht, ihr vielmehr gerade im Denkmodell, das ich anwende, entspricht. Sie steht vielleicht im Widerspruch zu der Art, wie sie vielfach von Analytikern und Theoretikern interpretiert wird, die sich mit der gesellschaftlich relevanten Rolle völlig identifizieren, die die Gesellschaftsmoral ihnen zuweist. Weil diese Gesellschaftsmoral positivistischen Denkmodellen folgt, entsteht dann eine Auffassung der psychoanalytischen Technik, die ihre substantielle Eigenschaft, dialektisch verstanden zu werden, verliert oder wesentlich einbüßt.

Kilian: Ich hatte den Eindruck, daß Sie sich von einer orthodoxen psychoanalytischen Technik emanzipieren. Hätten Sie das gesagt, was Sie soeben zum Ausdruck brachten, wäre es klarer geworden, wo Sie stehen. Das Programm, das Sie vertreten, ist die Aufhebung der Technik. Das gilt in dreifachem Sinne: Diese Technik wird annuliert, sie wird auf eine andere Stufe gehoben und verändert beibehalten.

F.M.: Was meinen Sie mit »aufgehobener Technik«?

Kilian: Was Sie machen, ist im Grunde Anti-Technik, weil Technik als solche in einem Widerspruch zur Dialektik steht. Sie haben so argumentiert, daß man keinerlei Möglichkeit finden wird, sich festzulegen, einem Regelsystem zu folgen, im voraus zu wissen, wie man es macht. Wenn von Technik gesprochen wird, weiß man immer im voraus, wie man das macht, was man erreichen will.

F.M.: Natürlich habe ich so argumentiert, wie Sie es beschreiben, weil es erwünscht ist, auf feste Regelsysteme zu verzichten. Es ist sogar notwendig, denn man kann höchstens insuläre Standorte lokalisieren, um sich im Fluß der Emotionalität zu orientieren. Feste Regeln würden die Emotionalität blockieren. Als Analytiker muß man auf der eigenen Beziehungsfähigkeit gegenüber dem Analysanden aufbauen. Eine der wichtigen Eigenschaften, die der Analytiker entwickeln muß, ist die Fähigkeit, mit sehr verschiedenen Persönlichkeiten eine intensive Beziehung herzustellen und diese Beziehung in der räumlich und zeitlich beschränkten analytischen Situation aufrechtzuerhalten.

Kilian: Ist es richtig, daß Sie einen Prozeß der Praxis meinen und dann Technik zur Steuerung dieses Prozesses dient?

F.M.: Wenn ich mir das überlege, müßte ich – wie bei meinem Kursbuch-Artikel – den Titel ändern. Dort hatten Sie die Idee, den Begriff der Verkehrsformen für die Perversion und die Eigenschaft des Perversen für die Verkehrsformen zu verwenden. Auf diese Weise wurden Spiel und Ernst, wie Sie es verstehen, ganz in meinem Sinne miteinander verknüpft. Meine Darstellung über die psychoanalytische Technik enthält die gleichen Züge, nur scheint es mir hier schwieriger, sie sichtbar werden zu lassen.

Kilian: Sie könnten bereits im Titel Ihrer Darstellung die Technik dem dialektischen Denkmodell, welches sich auf die psychoanalytische Praxis bezieht, gegenüberstellen. Ich glaube, daß die Methode, der Weg, den Sie für Ihre Arbeit angeben, der dialektische Weg ist. Er geht von den jeweiligen Hindernissen aus . . .

F.M.: Und schließt auch die immanenten Widersprüche, die alles Leben enthält, mit ein. Anstatt sie vereinfachend ausmerzen zu wollen oder als etwas Nebensächliches zu betrachten, sucht er sie als Bestandteil einer durchaus geglückten Erlebnisweise miteinzubeziehen.

Kilian: Gerade aus diesen Gründen frage ich mich, weshalb man da von einer dialektischen Technik sprechen muß. Wenn das nicht ein Widersinn in sich ist, muß man erklären, weshalb es das überhaupt geben kann. Wenn Sie Ihre Arbeitsweise beschreiben, beschreiben Sie eine dialektische Arbeitsweise und sagen damit zugleich, daß sie im Grunde gar nicht technisch sein kann. Dennoch halten Sie daran fest, daß es sich um Technik handelt. Das ist der Widerspruch.

1. Theorie der Technik und analytischer Prozeß

Wenn ich einem angehenden Analytiker, der seinen ersten Analysanden auf die Couch legt, sage: »Setzen Sie sich hin und warten Sie, was Ihnen der Patient mitteilt«, habe ich ihm etwas gesagt, was vielleicht richtig ist, ihm möglicherweise aber gar nichts nützt, weil die Beziehung des einen Menschen mit dem anderen, des Analysanden mit seinem Analytiker, in jedem besonderen Fall verschieden ist. Es ist eine sehr spezifische, individuelle, einmalige Beziehung, die von dem, was im Analysanden vorgeht, und von dem, was im Analytiker vorgeht, zugleich bestimmt wird.

Es gibt Analysanden, die sich entspannt verhalten und frei erzählen, was in ihnen vorgeht. Andere fühlen sich gehemmt und entwickeln Ängste, die mit den Erwartungen zusammenhängen, die die Analyse in ihnen weckt. Eigenartigerweise kann aber ein und derselbe Analysand mit einem bestimmten Analytiker gleich zu Beginn der Analyse offen und frei über sich sprechen, während er bei einem anderen Analytiker, infolge von Hemmungen und Ängsten, Mühe hat, etwas zu sagen. In solchen und ähnlichen Situationen stellen sich dann Fragen, die jeder nach seiner Eigenart beantwortet. So hatte in französischen psychoanalytischen Kreisen eine Zeitlang die Frage eine gewisse Rolle gespielt, ob ein bestimmter Analysand besser von einer Frau oder von einem Mann analysiert werden sollte. Ein junger Mann, der sich Frauen gegenüber so gehemmt fühlt, daß er sich in Analyse begeben will, wäre nach der Ansicht der einen selbstverständlich zu einem Analytiker geschickt worden, während andere den Standpunkt vertraten, daß gerade wegen dieser Hemmung eine Analytikerin viel geeigneter sei.

Hier wird deutlich, daß solche Standpunkte gar keine verbindlichen Kriterien sind. Man gerät ins Uferlose, wenn man zu klären und zu fixieren versucht, was in einer Situation innerhalb des analytischen Prozesses, in den sich ein bestimmter Analytiker mit einem bestimmten Analysanden begeben hat, gedeutet oder nicht gedeutet werden soll, gedeutet werden darf, vermieden werden muß, was korrekt, was orthodox, was richtig oder falsch ist, kurz, was weiterführt.

Weil das, was im Analytiker vorgeht, wenn er einen Analysanden vor sich hat, von Mensch zu Mensch verschieden ist, wird sich jeder in einer solchen Situation so verhalten, wie es zu ihm paßt. Das ist weder vorauszusehen noch zu kodifizieren. Mit anderen Worten: Die Anwendung der psychoanalytischen Methode ist begrifflich nicht faßbar. Sie ist deshalb auch nicht lehrbar. Es gibt jedoch eine Grundlage für die Anwendung der psychoanalytischen Methode: die Theorie der Technik.

Im Verlauf der Entwicklung der analytischen Wissenschaft läßt sich die Tendenz verfolgen, allgemeingültige Gesetzmäßigkeiten herauszuarbeiten und bestimmte Konzepte festzulegen. Ausgehend von der klinischen Erfahrung, der Erfahrung also, die die Analytiker bei der Anwendung der psychoanalytischen Methode gesammelt haben, wurden im Laufe der Jahrzehnte, seitdem es Psychoanalyse gibt, zwei große Gebiete theoretisch erfaßt: die Metapsychologie einerseits und die Theorie der psychoanalytischen Technik andererseits.

Metapsychologie und Theorie der Technik sind Systeme der theoretischen Erfassung psychoanalytischer Erkenntnisse, die in einer dialektischen Beziehung zueinander stehen. Das heißt, daß die Widersprüchlichkeit, die jeder Theorie über Lebensvorgänge inhärent ist und sein muß, sich nochmals, und nun genauer faßbar, in den Konzepten der beiden theoretischen Systeme widerspiegelt. Einerseits sind die beiden Theorien untrennbar miteinander verbunden, hängen voneinander ab und ergänzen sich. Andererseits stehen sie einander diametral gegenüber: Die Metapsychologie tendiert in ihrer Entwicklung zu immer vollständigerer Klärung und Durchsichtigkeit des menschlichen Seelenlebens. Sie zielt auf ein in sich abgeschlossenes Ganzes. Die Theorie der Technik hingegen tendiert in ihrer Entwicklung dazu, bestimmte Standorte zu lokalisieren und begrifflich zu fassen, die der lebendigen Beziehung und der Auseinandersetzung der Menschen untereinander möglichst nahe kommen. Ihre Konzepte stehen untereinander in Zusammenhang, aber nur locker, denn Einheitlichkeit würde die Möglichkeit zerstören, sie zu verwenden. Sie können nur situationsbedingt angewandt werden. Sie sind Orientierungstafeln im Fluß der emotionalen Bewegung, die die Übertragungsentwicklung kennzeichnet.

Man könnte den analytischen Deutungsprozeß mit einem Phänomen der sphärischen Optik vergleichen und die Verhältnisse heranziehen, die bei der Entstehung eines virtuellen Bildes gelten, eines Bildes, das ich gar nicht sehe und dessen verzerrte Projektion nur verständlich wird, wenn ich es auf abstraktem Wege physikalisch und mathematisch rekonstruiere. Metapsychologie und Theorie der Technik lösen im Denken

Tendenzen kognitiver Erfassung von Zusammenhängen aus, die an sich völlig verschieden sind, gleichsam Strahlen mit verschiedenem Brechungswinkel, die aber zusammen ein Bild ergeben. Nur ist dieses Bild ein virtuelles, ganz analog dem an sich nicht sichtbaren, virtuellen Bild der sphärischen Optik. Dieses virtuelle Bild eines seelischen Vorganges kann ich als Analytiker abstrakt für mich formulieren, wenn ich die metapsychologischen Theoreme kenne und mit der Theorie der Technik vertraut bin. Erst dann wird es mir möglich, das verzerrte Bild, welches mein und meines Analysanden Bewußtsein vom Unsichtbaren, vom Unbewußten reflektiert, neu zu formulieren und zu rekonstruieren. Die Ableitung eines praktisch vollziehbaren Deutungsschrittes ist mir überhaupt erst nach dieser Neuformulierung möglich. Diese Umstände machen das Erlernen der psychoanalytischen Methode auf so besondere Art schwierig.

Selbstverständlich sind die Voraussetzungen für die Anwendung der psychoanalytischen Methode von zahlreichen Faktoren abhängig. Einer der wichtigsten Faktoren ist die eigene, die persönliche Analyse des angehenden Analytikers. Diese eigene Analyse ist aber gewiß nicht deshalb eine Voraussetzung, weil der Analytiker dann als unneurotische Persönlichkeit einem neurotisch kranken Menschen helfen könnte. Eine solche Betrachtungsweise, die immerhin schon vertreten wurde, enthält die unausgesprochene Vorstellung, daß nur ein relativ konfliktfreier Mensch in einer gleichsam elitären Haltung in der Lage sei, einem konfliktvollen, psychisch gestörten Menschen zu helfen, die Probleme, die sich ihm stellen, zu lösen. Diese Auffassung hat zum Teil historischen Charakter, obschon sie von den Pionieren der psychoanalytischen Wissenschaft nie vertreten wurde.

Zur Zeit der großen Entdeckungen der Psychoanalyse wurden die damaligen Forscher wegen ihrer Überzeugung, das Seelenleben der Menschen werde nicht vom Bewußtsein, sondern vom Unbewußten bestimmt, heftig angegriffen. Weil sie sich im Laufe der Zeit durchzusetzen vermochten und die Psychoanalyse eine ernstzunehmende Wissenschaft wurde, gewannen Psychoanalyse und Psychoanalytiker ein hohes gesellschaftliches Prestige. Dieses Prestige wurde oft illusionär so interpretiert, als wären Menschen, die den Zugang zum Unbewußten kennen, über Konflikte in ihrem eigenen Seelenleben erhaben. Die in einem analytischen Prozeß gewonnene Erweiterung des eigenen Erlebnisbereiches wurde als geläuterte Auffassung über die eigene Person verstanden.

In Wirklichkeit liegen die Verhältnisse ganz anders. Die Rolle, die der Analytiker in der Gesellschaft einnimmt, in der er lebt, zwingt ihn, die Forderungen, die die Gesellschaft an ihn stellt, mehr oder weniger zu erfüllen. Er hat zumindest die Neigung, solche gesellschaftlichen Erwartungen auch zu berücksichtigen, wenn er einen Analysanden behandelt, der in schweren Konflikten steht und der, gesellschaftlich betrachtet, in seiner Arbeits-, Genuß- und Liebesfähigkeit eingeschränkt ist. Der Analytiker fühlt sich dann leicht dazu berufen, seinen Analysanden mit Hilfe des analytischen Prozesses dem Ziele entgegenzuführen, wieder arbeits-, genuß- und liebesfähig zu werden. Mit einer solchen Einstellung folgt er bewußt oder unbewußt dem Leistungsprinzip, das in unserer Gesellschaft als wegweisend für Erfolg, psychische Gesundheit und unneurotisches Verhalten gilt.

Ein solches Denkmodell genügt dem positivistischen Denken und widerspricht dem analytischen Denken, das dialektisch ist. Ein dialektisches Denkmodell schließt Widersprüche in sich ein und erkennt, daß es nicht darum geht, Widersprüche im Erlebnisbereich oder in sozialen Bezügen in irgendeiner Form zu beseitigen oder aufzuheben. Alle Menschen, auch die Psychoanalytiker, sind von Konfliktneigungen durchsetzt, die sich immer dann reaktivieren, wenn sich eine Beziehung wirklich vertieft. Alle Menschen können andere Menschen beeinflussen. Darin liegt gewiß nicht das Wesentliche, das die Funktion des Analytikers ausmacht. Es geht vielmehr um eine Erweiterung des Erlebnisbereiches sowohl beim Analytiker wie bei seinem Analysanden, die zu einer Flexibilität und Elastizität in der Beurteilung der eigenen Konflikthaftigkeit führt. Erst mit dieser neugewonnenen Flexibilität ist es auch möglich, Neuformulierungen der Konfliktneigungen zu finden, die die Dinge relativieren, Betrachtungsweisen erweitern und bisher Festgelegtes anders verstehen lassen. Die Erfahrung der eigenen Analyse ist in erster Linie die Erfahrung der Begrenztheit, der Beschränkung auf Weniges, das veränderbar ist. Das Allermeiste ist so, wie es ist, so, wie es schon immer war.

Nehme ich einen Menschen in Analyse, der offensichtlich arbeits-, genuß- und liebesunfähig erscheint, wird es nicht mein Ziel sein, ihn auf irgendeine Weise wieder arbeits-, genuß- und liebesfähig zu machen, sondern ich werde mich in meiner Beziehung zu ihm so einstellen, daß gerade diese Zielvorstellung relativiert werden kann und die weitgehend gesellschaftlich bedingte Ausformung der Erfahrungen mit sich und der Umgebung durch die Aufdeckung lebensgeschichtlicher Hintergründe eine Neuformulierung gewinnt, die die bewußten Störungen in einem anderen Licht erscheinen läßt. Dann kann es mit der Zeit schon dazu kommen, daß sich der Analysand zu seinen Konflikten anders einzustellen vermag. Möglicherweise wird er dann, dank der neugewonnenen Flexibilität in der Beurteilung seiner Konflikte, auch den Widersprüchen, die mit dem gesellschaftlichen Milieu, in dem er lebt, zusammenhängen, anders begegnen können als zuvor.

Die Frage, die sich stellt, ist also weniger die, wie die persönliche Analyse den zukünftigen Analytiker in die Lage versetzt, gesellschaftswirksame analytische Tätigkeit mit seinen Analysanden leisten zu können, als vielmehr, welche Voraussetzungen erfüllt sein sollten, damit er fähig wird, den analytischen Prozeß mit einem anderen Menschen einzuleiten, aufrechtzuerhalten und zu gestalten.

Sofern die eigene Analyse eine wirkliche Analyse war, hat der zukünftige Analytiker an sich selbst eine wichtige Erfahrung gemacht. Diese Erfahrung ist keineswegs die Lösung eines Bewährungsproblems, obschon in den meisten Ausbildungsinstituten praktisch alles getan wird, um dem Kandidaten diesen Eindruck zu vermitteln. Die Erfahrung, um die es geht, beschränkt sich auch nicht allein darauf, daß das Bewußtsein über das, was in einem selbst vorgeht, größer geworden ist und die eigenen Konfliktneigungen besser verstanden werden. Die eigentliche Erfahrung, die die persönliche Analyse bringt, ist durch einen Prozeß bedingt, der eine revolutionäre innerpsychische Bewegung erzeugt. Dadurch gewinnen die Konflikte, in denen jeder steht und die jeder in seinem Leben erkennt oder fühlt, in einer bestimmten, individuell spezifischen Weise eine neue Formulierung. Ich möchte ganz besonders betonen, daß die Neuformulierung von Konflikten im Verlauf des analytischen Prozesses nicht darin besteht, daß diese Konflikte nun verschwinden oder daß sie fortan spielend gelöst werden können, wenn sie in Erscheinung treten. Die Konflikte, die jeder in seinem Leben mit sich trägt, erhalten vielmehr einen neuen Stellenwert innerhalb des Umganges mit den Objekten und der Beziehungen zur Umwelt. Wenn die persönliche Analyse eine Lehranalyse ist, wird in ihr die Voraussetzung dafür geschaffen, daß der Analytiker später den Analysanden, die zu ihm kommen und von ihm erwarten, daß er mit ihnen einen analytischen Prozeß einleite, als Partnern in einer sich vertiefenden Beziehung begegnen kann, an welchen er, wie in anderen persönlichen Beziehungen, die Neuformulierung seiner eigenen Konfliktneigungen erlebt. Der Analytiker beobachtet nicht nur den analytischen

Prozeß, in den sein Analysand einbezogen wird, sondern er verwendet ihn, um seine eigenen unbewußten Reaktionen zu verstehen.

Die zweite Voraussetzung, um die psychoanalytische Methode anwenden zu können, beruht nicht mehr auf der emotionalen Erfahrung der eigenen Analyse, sondern auf Kenntnissen. Darin unterscheidet sich der Beruf des Analytikers in keiner Weise von anderen Berufen, die auch auf Kenntnissen und Erfahrungen im Umgang mit dem Instrument ihrer spezifischen Tätigkeit gründen. Eines der Instrumente des Psychoanalytikers ist die Metapsychologie, die Theorie also, die alle jene Konzepte enthält, die uns ein Bild darüber vermitteln, wie die psychische Entwicklung des Menschen zu verstehen sei. Innerhalb dieser Metapsychologie erkennen wir verschiedene Systeme: die Lehre von der Entwicklung der Triebe, das heißt der Libidoentwicklung, die Lehre von der Entwicklung des Ich und des Narzißmus und die Theorien über die Aggression. Man könnte eine Reihe weiterer Konzepte anfügen. Worauf es mir hier aber ankommt, ist folgendes: Für mich ist das ganze wissenschaftliche System der Metapsychologie, von der Theorie der Technik aus betrachtet, stets nur insofern berechtigt, als es einerseits aus der klinischen Erfahrung stammt, die wir in der Arbeit mit Analysanden gewinnen, und andererseits dazu dient, Gesetzmäßigkeiten der Theorie der Technik zu formulieren und damit die Grundlagen für die praktische Anwendung der Psychoanalyse zu entwickeln.
Die Psychoanalytiker sind durch Erfahrungen schließlich dazu gezwungen worden anzunehmen, daß es keinen einfacheren Weg gibt, oder daß wir ihn bisher nicht kennen, um theoretische Formulierungen, die zur psychoanalytischen Technik gehören, zu entwickeln. Ich jedenfalls bin dabei auf die Metapsychologie angewiesen. Ich kann auch umgekehrt sagen, daß sich metapsychologische Konzepte für mich immer dann als unhaltbar oder unwahrscheinlich erweisen, wenn ich sehe, daß sie sich mit Konzepten der Technik nicht vereinbaren lassen. Neue technische Gesichtspunkte oder Richtlinien bauen stets dort auf unhaltbaren theoretischen Annahmen auf, wo sich die daraus abgeleitete Deutungstechnik als ungenügend oder falsch erweist. Dafür gibt es in der Literatur zahlreiche Beispiele. Ja, man kann sagen, daß die psychoanalytische Literatur geradezu von derartigen Fehlannahmen durchsetzt ist. Das ist eine wichtige Ursache für die schwierige Orientierung von Studenten und Analytikern, die sich in der psychoanalytischen Literatur zurechtzufinden versuchen.

Solche Konzepte können nur dann als irreführend erkannt werden, wenn sich die ungünstigen Erfahrungen bei verschiedenen Analytikern wiederholen. Als Beispiel möchte ich hier die in den zwanziger Jahren ganz allgemein vertretene Auffassung über die Aktivierung von Aggressionen bei Zwangsneurotikern erwähnen. Man war der Ansicht, daß Aggressionsausbrüche während der Analysenstunde eine Art Katharsis bewirken könnten. Es gab damals Analytiker, die glaubten, es würde einem Patienten, der koprophile Tendenzen zeigt, helfen, Einsicht in seine unbewußten Regungen zu bekommen, wenn man ihn auffordert, sich in die Badewanne zu setzen und mit seinem Kot zu spielen. Auch jene Analytiker, die sich rühmten, daß in ihrer Sprechstunde häufig Blumenvasen und andere Gegenstände durchs Zimmer fliegen, weil ihre Analysanden so heftige Wutausbrüche entwickeln, gehören in die Gruppe dieser Aktivisten. Dieses mißverstandene Konzept der aggressiven Regungen hat in der Libidotheorie eine gewisse Bedeutung. Es ist nämlich zweifellos so, daß Triebregungen im Laufe der Entwicklung eines Menschen der Verdrängung anheimfallen, weil aggressive Regungen in den sozialen Bezügen des Kindes zu seinen Eltern und zu seiner weiteren Umgebung keinen Ausdruck finden konnten; Wut, Haß und Frustrationsintoleranz mußten verdrängt werden. Da ist es naheliegend, daß sich Symptome ausbilden. Zum Beispiel könnte ein Patient jedesmal, wenn er eigentlich Wut empfinden sollte, sich statt dessen hinter dem Ohr kratzen oder einen Juckreiz verspüren. Dann kann man durchaus sagen, daß hinter diesen Symptomen die verdrängten Aggressionen liegen, die sich jetzt durch eine Art Konversion äußern. Meistens handelt es sich aber um Ersatzhandlungen, also um Reaktionsbildungen wie beispielsweise das ständige Nachrechnen von Geld oder einen Waschzwang. Solange die Metapsychologie noch ganz auf der Libidotheorie aufbaute, war es in gewissem Sinne verständlich und naheliegend anzunehmen, daß es nur darauf ankomme, in der analytischen Beziehung dem Analysanden die Freiheit zu geben, das zu äußern, was in ihm vorgeht. Wenn also der Analysand plötzlich den Mut habe, den Analytiker zu beschimpfen, wie er einst seinen Vater hätte anbrüllen mögen, seien Bedingungen erfüllt, die den analytischen Prozeß weiterführen. Diese Bedingungen sind natürlich nur dann erfüllt, wenn sich in der Übertragungsentwicklung tatsächlich Verhältnisse entwickelt haben, in denen der Analysand Einstellungen und Gefühle wiederholt, die einst seinem Vater gegenüber bestanden hatten. Entscheidend ist es deshalb, zunächst und vor allem, die Voraussetzung einer solchen Übertragungsentwicklung näher zu berücksichtigen. Läßt man sie unbeachtet, so folgt man einer Art Kurzschluß-Technologie und sieht nur die Hemmungen des Patienten, die es nun zu durchbrechen gilt. Man kann zum Beispiel den Analysanden, der so gehemmt ist, daß er nichts sagt, durch Schweigen so lange belasten, bis etwas, allerdings etwas Unvorhersehbares, geschieht. Man kann auch eine andere Form wählen und den Patienten unterbrechen, wenn er etwas sagt, oder ihn immer wieder auf Dinge aufmerksam machen, von denen man bereits weiß, daß er sie nicht erträgt. Bei solchem Vorgehen hat eine Simplifikation in der Anwendung eines gelesenen oder gehörten Regelsystems stattgefunden. Entscheidend ist dabei, daß die Bedingungen des analytischen Prozesses in ihrem eigentlichen Wesen nicht verstanden oder nicht berücksichtigt worden sind.

Wenn sich in solchen Fällen eine negative therapeutische Reaktion entwickelt und der Analysand die Analyse abbricht, sagt man dann leicht, der Patient sei wahrscheinlich zu wenig geeignet gewesen oder habe das geistige Niveau nicht gehabt, um eine Analyse sinnvoll zu erleben, oder die Analyse sei für den Kranken eine zu große Belastung gewesen. Tatsächlich liegen die Dinge hier umgekehrt. Der Analytiker war zu wenig geeignet. Er ist es, der der Belastung nicht gewachsen war, denn er war unfähig, den Bedürfnissen seines Analysanden gerecht zu werden.

Obschon diese Beispiele etwas überspitzt sind, stelle ich fest, daß es im Verlaufe der Entwicklung der psychoanalytischen Theorie zahlreiche Ausbuchtungen und Deformierungen gibt, Versuche unserer Kollegen aus früherer Zeit und bis zum heutigen Tag, ihre Erfahrungen mit ihren Analysanden zu konzeptualisieren, wobei ganz wichtige Gesichtspunkte nicht berücksichtigt werden. So sind viele individuelle Theorien entstanden, die sich nicht verallgemeinern lassen. Es ist eine wichtige Aufgabe im Lehrplan für angehende Analytiker, den Studierenden zu helfen, beim Lesen psychoanalytischer Schriften die Punkte herauszufinden, denen eine Priorität zukommt. Man greift oft Dinge aus der Literatur heraus, die einem selbst besonders einleuchten, vielleicht aus individuellen konfliktbedingten Gründen. Eine gewisse Erfahrung ist deshalb nötig, um in der Literatur jene Ansätze zu finden, die für den Aufbau der Theorie der Technik von Bedeutung sind. Innerhalb der psychoanalytischen Literatur fällt es auf, daß die Theoretiker der Metapsychologie und der Entwicklung solcher Konzepte den wichtigsten Platz einräumen. Die so entwickelten Konzepte werden dann häufig mit Falldarstellungen illustriert. Der eigentlichen Theorie der Technik steht demgegenüber nur ein sehr beschränkter Raum zur Verfügung. Das kommt nicht von ungefähr, denn es ist gar nicht so leicht, Konzepte der Technik zu formulieren und dabei der Gefahr zu entgehen, eine Metapsychologie der Technik zu begründen, die starr und unbrauchbar ist.

Bevor ich untersuche, wie man Konzepte der Technik formulieren kann, will ich mich der Frage zuwenden, was es eigentlich bedeutet, mit einem Analysanden einen analytischen Prozeß in Gang zu bringen. Heißt das, die Symptome, unter denen er leidet, zu beseitigen oder seine Neurose zum Verschwinden zu bringen? Oder heißt es, die Schwierigkeiten und Konflikte, in denen er lebt, so zu ermäßigen, daß er sie erträgt oder daß er sich in der sozialen Situation wohl fühlt, in der sich die meisten Menschen befinden? Sollen unsere Analysanden glücklich werden oder aber sich damit begnügen, zu phantasieren, sei seien es? Nein, weder dies noch jenes. Ein analytischer Prozeß bewirkt etwas völlig anderes.
Als ich von der Bedeutung der persönlichen Analyse des zukünftigen Analytikers sprach, hatte ich bereits erwähnt, was der analytische Prozeß seinem Wesen nach ist: Die entscheidende Aufgabe, die ich als Analytiker habe, wenn sich ein Analysand zu mir begibt, ist die, bei diesem Menschen unter allen Umständen einen emotionalen Prozeß in Bewegung zu setzen; das heißt, daß sich eine Beziehung zwischen Analytiker und Analysand entwickelt, die in erster Linie von Kräften getragen wird, die das Selbstgefühl des Analysanden und die Kohärenz des Bildes, das er von sich selbst hat, aufrechterhalten. Das Wesen der Analyse besteht darin, diesen Prozeß so zu steuern, daß die Folgen nicht eintreten, die ein solches innerpsychisches Geschehen hätte, wenn es sich außerhalb der analytischen Situation abspielen würde. Diese Folgen wären in jedem Fall eine schwere Regression.
Mit dem Begriff der Regression werden Entwicklungen oder psychische Vorgänge beschrieben, die die Erlebnisweisen und das Verhalten des Individuums unter dem Druck von Ängsten, Triebgefahren oder Überbeanspruchungen von außen auf eine frühere Stufe der psychischen Entwicklung zurückdrängen. Solche Regressionen gehen gewöhnlich mit einem relativen Verlust bestimmter wichtigter Ichfunktionen einher, einer Verminderung der inneren und äußeren Autonomie und einer Neigung zu undifferenzierten Reaktionen und Gefühlen, die im ganzen gesehen die Handlungs- und Erlebnisfähigkeit einschränken.

In der psychoanalytischen Theorie können regressive Prozesse unter ganz verschiedenen Gesichtspunkten erörtert werden. Man kann zum Beispiel Regressionen betrachten, die sich nur auf Vorstellungsinhalte beziehen und die Organisation und Struktur der psychischen Systeme nicht berühren. Solche Regressionen sind nicht nur ungefährlich, sondern im analytischen Prozeß sehr zu begrüßen, weil sie dem Analytiker und dem Analysanden unbewußte Tendenzen aufzeigen, die bestimmte Konfliktneigungen erzeugen. Durch die Einsicht in solche Zusammenhänge kann das Ich des Analysanden eine Erweiterung und Stärkung erfahren, insofern es nun fähig wird, den Konfliktneigungen anders und adäquater zu begegnen als früher. Man kann auch von Regressionen sprechen, die bei einer sich vertiefenden Beziehung deshalb auftreten, weil Triebregungen zugelassen werden, die bestimmte, im täglichen Leben nicht übliche Einstellungen, Gefühle und Reaktionen entstehen lassen. Das kommt normalerweise in fast allen Liebesbeziehungen vor. Dabei zeigen sich zum Beispiel Wünsche nach Zärtlichkeit, die kindliche Züge tragen. Man kann dann sagen, daß durch die Intensivierung einer Beziehung kindliche Zärtlichkeitswünsche auf regressivem Wege aktiviert worden sind. Solche Regressionen beziehen sich nicht mehr nur auf Vorstellungsinhalte, sondern auf Gefühlsregungen und Erlebnisweisen. Auch in einem solchen Fall sind Regressionen nicht nur ungefährlich, sondern im analytischen Prozeß willkommen, weil wiederum die Möglichkeit besteht, Zusammenhänge zwischen früheren Erlebnissen, oft aus der Kindheit, und aktuellen Konfliktneigungen zu erkennen und durch Deutungen bewußt zu machen, so daß sich das Ich im Umgang mit bestimmten Gefühlsregungen und Erlebnisweisen anders und adäquater einstellen kann als früher. Solche und ähnliche regressive Vorgänge bezeichnet man als Regressionen, die im Dienste des Ich stehen. Damit wird ausgedrückt, daß die Libidoorganisation und die Ichfunktionen der Persönlichkeit durch die Regression keine strukturellen Beeinträchtigungen erfahren. Regressionen, die jenseits dessen liegen, was noch als Regression im Dienste des Ich bezeichnet werden kann, sind im analytischen Prozeß unerwünscht. Sie sind gefährlich und können die Analyse blockieren, in eine Konfusion führen oder unmöglich machen.

Es handelt sich also darum, eine Beziehung zu dem Menschen, der in Analyse kommt, so zu strukturieren und aufrechtzuerhalten, daß eine emotionale Bewegung möglich wird, ohne daß regressive Prozesse die Funktionen des Ich ernsthaft und dauernd beeinträchtigen. Das ist der

Rahmen, in welchem sich der analytische Prozeß entwickelt. Als Analytiker stehe ich somit der Aufgabe gegenüber, eine Beziehung herzustellen, in welcher die Emotionalität des Analysanden seine ganze psychische Verfassung miteinbezieht, und dafür zu sorgen, daß die autonomen Funktionen, die Strukturen im Ich und das Bild, das der Analysand von seiner eigenen Person und von seinem Körper im Selbst trägt, keine Schädigung erfahren. Das erfordert die Respektierung der gut funktionierenden Libidobesetzungen und Ichfunktionen. Deshalb begegne ich grundsätzlich jedem Analysanden – und möge er noch so krank erscheinen – als einem Partner, der zwar in Konflikten steht, Symptome zeigt und was auch immer für Begleiterscheinungen mitbringt, der aber unter dem Gesichtspunkt seiner Ichfunktionen und seiner Libidoschicksale so gesund wie möglich und nicht so krank wie möglich ist.

Als Beispiel nehme ich einen Analysanden, der unter Wahnvorstellungen litt. Er hatte Angst, es löse sich beim Autofahren ein Teil seines Wagens ab und verursache beim nächstfolgenden Wagen einen schweren Unfall. Die Ängste griffen auf viele seiner Tätigkeiten über. Wenn er beispielsweise in einem Supermarkt ein Eis aus der Kühltruhe griff und bemerkte, daß er Mokka- statt, wie er wollte, Himbeereis gewählt hatte, wagte er kaum, das Mokkaeis zurückzulegen und das Himbeereis zu nehmen, denn ihn quälte die Vorstellung, daß Keime, die an seiner Hand hafteten, in die Eistruhe gelangen und alle Eisportionen kontaminieren könnten, so daß spätere Käufer solcher Eiscremes erkranken müßten. Trotz dieses schwerwiegenden Symptoms wahnhafter Vorstellungen habe ich vorsichtig Stellung zu nehmen. Ich sage mir: Auch wenn der Patient solche überaus schwerwiegenden Wahnvorstellungen hat, muß er mir zuerst grundsätzlich seine psychische Krankheit, sein Nichtfunktionieren beweisen. Er ist nämlich gleichzeitig Familienvater, hat drei Kinder, führt ein befriedigendes Leben in Familie und Beruf, folgt zahlreichen differenzierten Interessen, ist politisch aktiv. Ist er in all diesen Belangen ein selbständig denkender Mensch, kann ich sein Wahnsymptom, das er da hat, nicht übermäßig in den Vordergrund stellen, auch wenn der Patient in der analytischen Situation fast ausschließlich über seine wahnhaften Vorstellungen spricht, die ihn dauernd beschäftigen.

Mit diesem Beispiel will ich auch zeigen, daß meine Einfühlung offensichtlich nicht ausreicht, um in einer solchen Situation die psychoanalytische Einstellung zu meinem Analysanden festzulegen. Mit Empathie allein, meiner Einfühlung in den anderen Menschen, kann ich hier nicht rechnen. Ohne Konzepte, an denen ich mich orientieren kann, gerate ich in solchen Fällen in einen Prozeß, von dem ich nicht recht weiß, wohin er eigentlich führen wird. Die Schwierigkeiten, in denen ich mich mit einem solchen Patienten befinde, vermählen sich dann leicht mit den Schwierigkeiten, die der Analysand selbst hat. Es bleibt dann nur noch die Hoffnung, daß der Konflikt, der sich schließlich aus diesen beiden Schwierigkeiten ergibt, das Problem lösen werde, das ich im Grunde schon nicht mehr sehe.

In diesem Zusammenhang ist vor allem eine bestimmte Neigung der Analytiker hervorzuheben, die bei der Anwendung der psychoanalytischen Methode Verzerrungen und fehlgehende Deutungsschritte bewirken kann. Die psychoanalytische Theorie beschreibt die Rolle der Kleinfamilie bei der Entstehung der Neurosen als besonders wichtig. Bekanntlich zentriert sich die Neurose um den Ödipuskomplex. Dieser Ödipuskomplex ist das Ergebnis der Störungen, die im Erleben des Kindes auftreten, wenn es in seinem allumfassenden Wunsch, das Objekt seiner Liebe zu besitzen, durch das Auftreten eines Dritten gestört wird. Da sich dies gewöhnlich an Vater und Mutter abspielt, entspricht jener allumfassende Wunsch des Kindes dem Inzestwunsch. Der störende Dritte ist der Vater, wenn es sich um einen Knaben handelt, die Mutter, wenn sich der Liebeswunsch eines Mädchens auf den Vater richtet. Mit dem störenden Dritten entfacht sich ein Rivalitätskonflikt, der zu Ängsten führt, weil der Konkurrent als übermächtig erlebt wird. Diese Ängste werden als Kastrationsängste bezeichnet. Bei normaler, gesunder Entwicklung geht der Ödipuskomplex unter, wodurch das Überich aufgerichtet und gegen die Wiederkehr der Inzestwünsche eingesetzt wird.

Dieses Grundkonzept der infantilen Sexualität, das die Libidoentwicklung so überaus klar und richtig charakterisiert – es ist vielleicht die größte Entdeckung Sigmund Freuds –, hat bei der Anwendung der psychoanalytischen Methode viel Unheil angerichtet. Wohl wissend, daß diese metapsychologischen Kenntnisse seiner Arbeit nutzen könnten, neigt der Analytiker dazu, sich frühzeitig in eine bestimmte Übertragungsrolle gedrängt zu fühlen. Er unterstellt dann, er sei für den Analysanden der Vater oder die Mutter, weil Züge, die jener aus seiner Kindheit beschreibt, oder Züge seines gegenwärtigen Verhaltens, zum Beispiel Autoritätspersonen oder Frauen gegenüber, den Gefühlen sehr ähnlich zu sein scheinen, die der Analysand in der Beziehung zum Analytiker empfindet oder von denen wir als Analytiker glauben, daß er sie empfinde. Wenn beispielsweise ein junges Mädchen berichtet, sie fühle sich von älteren Männern sexuell angezogen, denkt man sofort an eine Vaterfixierung. Fügt die Analysandin noch hinzu, sie sei solchen Männern gegenüber besonders scheu, und zeigt sie sich in den Analysestunden ebenfalls scheu und zurückhaltend, dann ist der Schluß des Analytikers auf eine Vaterübertragung sehr naheliegend. Interpretationen dieser Art, die der Analytiker zunächst für sich selbst vornimmt, können durchaus zutreffend sein. Mich interessieren in diesem Zusammenhang aber jene Situationen, wo sie sich als unzutreffend erweisen, weil die emotionale Dynamik in der Beziehung zwischen Analysand und Analytiker unberücksichtigt geblieben ist und die Annahme einer bestimmten Übertragungsrolle nicht auf unbewußten Motivationen, sondern auf bewußten Vorstellungen des Analysanden beruht. In solchen Fällen – und sie sind keineswegs selten – wird vom Analytiker eine bestimmte Entwicklung der Beziehung im analytischen Prozeß mittels der Schablone einer Übertragungsrolle, die er sich zuschreibt, abgewehrt. Dies ist ein Beispiel dafür, daß man kleinen Schwierigkeiten, die sich in der Entwicklung einer Beziehung zeigen, durch das Herbeiziehen größter Lebensprobleme aus dem Weg gehen kann.

Alle Analytiker haben Schwierigkeiten, mit ihren Analysanden in eine entspannte, stimmige Beziehung zu kommen. Man übersieht gern, daß es im Grunde darauf ankommt, daß sich der Analysand in der Analysestunde wohlfühlen kann, daß er sich entspannt und frei äußert. Ich sage, man übersieht es gern, und füge hinzu: obschon man ja genau weiß, daß die Grundregel des freien Assoziierens darauf beruht. Trotzdem sprechen wir Analytiker vom Leidensdruck, der den Analysanden zur Mitarbeit zwinge. Dabei übersehen wir aber, daß wir alle einem gewissen Leistungsdruck unterliegen, der uns nun andererseits zwingt, etwas mit dem Analysanden vorzuhaben, ihn mit einer – zugegebenen oder nicht bewußten – Zielsetzung zu analysieren. Diese Schwierigkeiten dürfen nicht unterschätzt werden, um so weniger, als wir alle dazu neigen, sie zu umgehen, sie zu überbrücken, ja, sie dadurch zu lösen, daß wir zu den allergrößten Problemen menschlichen Erlebens greifen, zu den Problemen mit dem Vater, mit der Mama, mit den Geschwistern der Kindheit. Wo aber, frage ich, sind die Probleme mit den Eltern nicht die Wurzel aller späteren Konflikte? Ist also der Rückgriff auf die Elternfiguren am Ende nur ein bequemes Ausweichen?

In der Tat läßt sich die Aktualisierung eines Übertragungskonfliktes am bequemsten handhaben, wenn er von der Person des Analytikers distanziert wird, anders gesagt, wenn er an einer »familiären« Rolle, die er einnimmt, rationalisiert wird.

Die Schwierigkeiten, denen wir begegnen, liegen aber nicht so sehr darin, daß unser Analysand diese oder eine andere Beziehung zu uns herstellt, sondern sie beruhen auf der Verführung. Wir können keinen Analysanden in Analyse nehmen, ohne daß dieser versucht, uns zu verführen, und wir können keinen analytischen Prozeß einleiten, wenn wir uns nicht eingestehen, daß wir ihn dazu verführen. Die Libidobesetzungen, die ich bei meinen Patienten und die dieser bei mir vornimmt, treten unausweichlich in Erscheinung, wenn ich eine analytische Situation konsequent herstelle. Handelt es sich um eine Psychoneurose, so spiegeln sich diese Vorgänge an einer sich entwickelnden Objektliebe oder an Abkömmlingen verdrängter Regungen in irgendeiner Form wider. Im Falle einer narzißtischen Neurose werden diese Libidobesetzungen zunächst durch Vorläufer eingeleitet. Wie dem auch sei, gegen Idealisierungen, Allmachtsphantasien und sexuelle Regungen ist niemand indifferent.

Ich habe lange gebraucht, um mir bewußt zu werden, daß ich konfliktvollen Spannungen, die sich in der Beziehung zwischen dem Analysanden und mir ergeben können, sehr gut dadurch auszuweichen verstehe, daß ich eine bestimmte Rolle einnehme. Ich erinnere mich an einen Analysanden, etwa 15 Jahre älter als ich, der bei mir eine Nachanalyse machen wollte, weil seine Analyse, die viele Jahre in Anspruch genommen hatte, nach seiner Ansicht mißlungen war. Ich war damals noch relativ jung und hatte die Aufgabe übernommen. Nach einigen Monaten stellten sich Schwierigkeiten ein, weil die analytische Beziehung in eine Kampfsituation auszuarten drohte. Der Analysand hatte mir seine Lebensgeschichte und vor allem seine konfliktvolle Beziehung zu seinem Vater in allen Einzelheiten dargestellt und dabei erotische Gefühle und sexuelle Besonderheiten immer wieder hervorgehoben, um mir zu helfen, ihn zu verstehen. Er begann mir schließlich vorzuwerfen, ich hätte bereits nach einigen Wochen Analyse voreilig eine Deutung gegeben, die einen kapitalen Grundfehler darstelle. Dieser kapitale Grundfehler bestand in einer Intervention, die, wie der Analysand meinte, von seinem Vater stammen könnte. Ich sei nicht in der Lage, fuhr er fort, zu verstehen, daß er in seiner Analyse nicht begehre, den gleichen Konflikten erneut ausgesetzt zu sein, unter denen er immer so gelitten habe. Der Analysand hatte es verstanden, mich in die Rolle seines Vaters zu drängen, und ich war selbst davon überzeugt, daß ich in der Übertragung eine väterliche Gestalt geworden war. Mit dieser Überzeugung fand ich eine innere Ruhe und stellte mich analytisch neutral abwartend ein, indem ich mir sagte, die Projektionen, die der Analysand auf mich richte, seien eben Ausdruck seiner Neurose, die jetzt als Übertragungsneurose Gestalt annehme. Ich hatte übersehen, daß ich mit meiner Annahme, ich sei der Vater, der viel wichtigeren Einsicht ausgewichen war, daß ich Angst hatte, von meinem Analysanden homosexuell verführt und überwältigt zu werden. Mit seinen penetranten Darstellungen und seiner beweglichen, mich umkreisenden Neugier versuchte er mich auszuhorchen und zu ertappen. Ohne es zu bemerken, geriet ich in einen Zustand, als ob ich verfolgt würde. Der Analysand genoß das und näherte sich mir in immer zudringlicherer Weise, wobei er vorgab, mich meiner Unfähigkeit wegen zu verachten und so gering zu schätzen wie einst seinen Vater.

Was mir mit diesem Analysanden widerfuhr, ist kein seltener Ausnahmefall, sondern ein relativ häufig vorkommendes Geschehen. Eine Analytikerin zum Beispiel hatte ihren Analysanden seit drei Jahren in Analyse und sagte in einer bestimmten Phase: »Da sieht man ja sehr deutlich, daß ich die Rolle der Mutter übernommen habe.« Dabei hatte sie die Übertragung des Patienten ständig zurückgewiesen. Doch die Vorstellung, sie selber sei die versagende Mutter, hat ihr darüber hinweggeholfen, zu sehen, daß sie in einer ungeheuren Abwehr stand. Das Übertragungsangebot ihres Patienten ist von ihr nie verstanden worden. Selbstverständlich sind auch gesellschaftliche Momente dafür verantwortlich, daß wir uns als Analytiker allzu leicht in bestimmte Rollen begeben. Sind wir der Vater, sind wir die Mutter, die Schwester, die Tante, sind wir der gute Großvater (wenn wir schon ein gewisses Alter haben), der geliebte Bruder (wenn wir noch jung sind), ist die Kleinfamilie im Uhlandschen Sinne vertraut beisammen. So vermag sich die Analyse in einer Richtung zu entwickeln, in welcher der Aktualisierung des Übertragungskonfliktes ausgewichen werden kann. Mit anderen Worten, wir sind überall dort, wo sich der Übertragungskonflikt anbahnt, mit einer Deutung bereit, die den Analysanden auf diesen Bezug zu seiner Kindheit oder auf jenes Schicksal seiner Triebwünsche hinweist, ohne daß wir selbst bemerken, daß der »drohende« Übertragungskonflikt, der in Gang gebracht werden müßte, durch Rationalisierungen unterdrückt wird.

In solchen Situationen kann ich mir dann etwas besorgt sagen: »Jetzt habe ich meinen Analysanden bereits seit acht Monaten in Analyse. Irgend etwas geht nicht voran. Es ist so schwierig. Wahrscheinlich hängt das damit zusammen, daß ich zu wenig Erfahrung habe, zu wenig von Metapsychologie verstehe, zu wenig gelesen habe oder die Träume nicht richtig deuten kann. Vielleicht sollte ich einen erfahreneren Kontrolleur aufsuchen und mir helfen lassen.« Das alles deutet darauf hin, daß ich mich meiner Funktion als Analytiker nicht gewachsen fühle.

Ich kann mich aber in solchen Entwicklungen auch anders einstellen und besonders vorsichtig und zurückhaltend sein. Ich bin dann dem Analysanden gegenüber betont respektvoll, lasse ihn machen, was er für richtig hält, warte zu und greife nicht ein. Wünscht der Analysand in einer bestimmten Sitzung mir gegenüber zu sitzen, statt sich hinzulegen, stelle ich mich passiv ein und überlasse die Entscheidung ihm, weil ich die autonomen Funktionen meines Partners respektieren möchte.

Das eine wie das andere, das Gefühl, der analytischen Funktion nicht gewachsen zu sein, wie das betont respektvolle Verhalten gegenüber dem Analysanden, sind zwei Extreme, die sich im gleichen Sinne ungünstig auf die analytische Beziehung auswirken. Dadurch, daß sich der Analytiker auf Erlerntes zurückzuziehen versucht oder daß er sich betont respektvoll verhält, vermeidet er es, sich auf die Beziehung einzulassen, und fördert doch alles, was seinen Partner veranlassen kann, sich ihm zuzuwenden. Regressionsneigungen werden so verstärkt, und die autonomen Funktionen des Analysanden werden in ungünstiger Weise gefährdet und in Mitleidenschaft gezogen.

Bei solchen Entwicklungen entstehen polar entgegengesetzte Einstellungen zum analytischen Prozeß. Die Besetzungen, die der Analytiker und der Analysand vornehmen, sind nicht mehr im gleichen Sinne orientiert, was zur Folge hat, daß sich oft unmerklich eine Beziehung einstellt, in welcher es so aussieht, als ob Analytiker und Analysand in entgegengesetzten Richtungen Ziele anstrebten, die zum gleichen Resultat führen sollen. Es geht dann immer mehr um Prozedurfragen. Der Analysand zweifelt, ob es richtig ist, zunächst Vorkommnisse aus dem täglichen Leben zu berichten und erst dann seinen Traum oder Gedanken zu äußern, der mit den aktuellen Problemen wenig zu tun zu haben scheint. Er zweifelt stumm vor sich hin und versucht selber diese Fragen zu lösen, oder er konfrontiert den Analytiker mit seinen Fragen, um dann Anweisungen zu erhalten, wie er vorgehen müsse.

Der Analytiker gerät in ähnliche Schwierigkeiten. Er fragt sich: »Soll ich schweigen, wenn der Patient schweigt, oder soll ich etwas sagen, um ihn zu ermuntern? Soll ich einen Traum deuten, wenn er erzählt wird, oder soll ich abwarten, bis der Analysand damit beginnt, den Traum selbst zu deuten? Soll ich eine Ansicht meines Analysanden bestätigen und mich dabei aufdecken, oder soll ich nichts sagen und für meinen Partner der Spiegel seines Unbewußten sein?«

Der Rückzug auf die analytische Prozedur ist letztlich bloß Ausdruck einer Art fatalistischen Zuwartens. Die Devise lautet: Man wird dann schon sehen.

Ich frage: Was wird man sehen?

Man müßte verstehen, daß sich die analytische Beziehung zwischen zwei Partnern aufbaut, die beide nicht konfliktfrei sind. Beide Partner stehen in Konflikten, auch wenn diese Konflikte verschieden gelagert sind. Wenn ich mich als Analytiker so einstelle, als ob ich dem Analysanden konfliktfrei gegenübertreten könnte, während der Analysand, im Gegensatz zu mir und infolge seiner Neurose, voller Konflikte erscheint, ist es um die Dynamik geschehen. Ist der analytische Prozeß aber einmal in dieser Fahrbahn, greift der Analytiker leicht zur Rollendeutung. Rationalisieren und Intellektualisieren nehmen zu und hemmen den weiteren Verlauf der Analyse.

Eine solche Entwicklung im analytischen Prozeß hängt damit zusammen, daß die Vorstellungswelt des Analytikers die Wirklichkeit ersetzt. Das positivistische Denkmodell, welches den gesellschaftlichen Verhältnissen, in denen Analytiker und Analysand leben, angepaßt ist, tritt an die Stelle der dialektischen analytischen Reflexion. Bestimmte Wunschvorstellungen verlieren ihren Phantasiecharakter, weil sie gesellschaftlichen Forderungen entsprechen und deshalb realitätsangepaßt erscheinen. Es handelt sich dabei um Vorstellungen wie die, dem Analysanden helfen zu wollen, ihn dies oder jenes erleben zu lassen, seine sexuellen Störungen beheben zu müssen, beispielsweise aus einem Homosexuellen einen Heterosexuellen, aus einem Fetischisten einen Familienvater zu machen oder einen delinquenten Rauschgiftsüchtigen einer Banklehre zuzuführen, kurz, in jedem Falle etwas zu tun, um etwas zu erreichen. Aber dort, wo die Phantasie die Wirklichkeit ersetzt, sehe ich auch meistens nicht mehr, was ich erreichen will und erreichen kann. Deutungen und Einsichten entsprechen dann Übereinstimmungen in den Überichforderungen, die ich selbst habe und die der Analysand mit mir teilt. Mit der Zeit passen wir immer besser zueinander und

übertreffen uns in der Beweisführung unseres unneurotischen Verhaltens. Dabei schließt sich leicht ein Kreis im Rahmen des Rationalisierens. Der analytische Prozeß wird blockiert, denn das Ganze dient in erster Linie einer Abwehrposition, die nicht gesehen oder nicht mehr angegangen werden kann.
Gerate ich in eine solche Situation, kann ich nicht einfach sagen, das sei eine Abwehr, die der Analysand gegen mich aufbaue, weil eine Antipathie vorliege oder weil gewisse Züge, die mir persönlich anhaften, für den Analysanden unerträglich seien. Umgekehrt weiche ich den wirklichen Sachverhalten auch aus, wenn ich beispielsweise sage, ich könne nur Analysanden in Behandlung nehmen, die mir sympathisch seien. Ich muß mir bewußt sein, daß die Abwehr, um die es da geht, ganz offensichtlich und in allen Fällen eine Abwehr der Verführung ist. Ich darf mich keiner Illusionen hingeben: Kein Analysand, der zu mir kommt, kann dem Einfluß, den ich auf ihn ausübe, ganz entgehen. Es ist bedenklich und belastet das analytische Verhältnis, wenn ich dies nicht erkenne. Mein Einfluß führt dann bei meinem Patienten zu einer Reaktion, die in ihm etwas erweckt, als ob sein Bewußtsein unter meiner Kontrolle stünde. Damit aber erleidet er die schwerste Einbuße seiner autonomen Funktionen.

Es lohnt sich gewiß, einige Konzepte der psychoanalytischen Technik zu formulieren, die jene Richtungen anzeigen, in denen es möglich ist, die Fallstricke und die Gefahren im Deutungsprozeß zu erkennen und ihnen zu entgehen.
Für mich sind die Hilfsmittel des Analytikers in erster Linie solche, die mir dazu dienen, meine eigenen Konfliktneigungen, die sich in der analytischen Beziehung zu meinem Analysanden reaktivieren, unter Kontrolle zu halten. Zu diesen Hilfsmitteln zähle ich die Einhaltung der analytischen Situation, des sogenannten »setting«, die Kenntnisse der Metapsychologie und die Konzepte der Theorie der psychoanalytischen Technik. Die Reflexion, die ich im Rahmen der analytischen Arbeit einsetze, steht im Dienste der Aufrechterhaltung der eigenen dekonfliktualisierten Ichfunktionen.

2. Die Sukzession im Assoziationsverlauf

Ein Patient steht schon seit längerer Zeit in Analyse. Die Beziehung, die er mit seinem Analytiker aufrechterhält, ist durch Distanz charakterisiert. Er hat den Eindruck, alles zu sagen, was ihm einfällt. Der Analytiker ist anderer Meinung. Macht er den Analysanden vorsichtig darauf aufmerksam, daß er Schwierigkeiten habe, seine Gefühle zu äußern, wehrt der Analysand diese Vermutungen ab und erklärt, er sage immer alles. Man solle ihm keine Vorwürfe machen. Wenn es nicht genüge, was er zu bieten vermöge, sei er eben unfähig, eine Analyse zu machen. Der Analytiker versucht, dem Patienten zu erklären, daß er in einem Widerstand stehe, dauernd gespannt sei und auch gerade jetzt, zu Beginn dieser analytischen Sitzung, während längerer Zeit nichts habe sagen können. Der Analysand beteuert daraufhin, daß ihm nichts in den Sinn gekommen sei und daß er deshalb nichts gesagt habe. Es sei eine Leere in ihm aufgetaucht. Dies greift der Analytiker auf und meint, gerade darüber habe der Analysand nicht sprechen wollen. Nun erregt sich der Patient und bezichtigt den Analytiker, ihm etwas zu unterschieben. Der Arzt weist jetzt darauf hin, daß der Patient aufgeregt und ganz böse geworden sei. Das müsse doch seine Gründe haben.

Nach dieser Analysenstunde erscheint der Analysand zur nächsten Sitzung, die an einem Montag stattfindet, mit folgenden Einfällen:

»Ich habe einen Traum gehabt, in welchem ich einer Frau erklärte, was für eine Bewandtnis es mit dem lateinischen Wort *agricola* habe. Dabei haben wir uns gestritten, ob der Dativ *agricolae* oder der Akkusativ *agricolam* wichtiger sei. Ich wollte in erster Linie die Form des Akkusativs diskutieren. Die Frau, mit welcher ich darüber stritt, könnten auch Sie gewesen sein. In der Traumdiskussion beharrte die Frau darauf, die Dativform zuerst zu berücksichtigen.«

An dieser Stelle will der Analytiker eine Bemerkung zum Übertragungsbezug machen, doch der Analysand läßt ihn nicht zu Worte kommen, sondern setzt seine Erzählung fort und sagt: »Sie müssen wissen, daß ich mit einer Pollution aus diesem Traum erwacht bin.«

Ohne eine Pause einzuschalten, fährt der Patient fort und berichtet: »Am gestrigen Sonntag besuchte ich einen alten Freund. Ich war sehr

enttäuscht, denn mein Freund, mit dem ich früher alles besprechen konnte und der sich mir gegenüber immer ganz frei äußern konnte, ist ein Spießer geworden. Er hat sich sehr zu seinen Ungunsten verändert. Als ich bei ihm eintraf, wollte er sogleich in ein Gasthaus gehen, um Bier zu trinken. Es schien so, als glaubte er, ich hätte Spaß daran, mit ihm in einer lärmigen Wirtschaft zu sitzen und ebenso trübselig wie alle anderen Leute biertrinkend Belanglosigkeiten auszutauschen. Wirklich, das hat mich schwer enttäuscht.«
Der Analysand schweigt.
Der Analytiker deutet: »Außer der Enttäuschung, die Sie erlebten, war doch wohl auch eine gewisse Genugtuung, ein Gefühl des Triumphes vorhanden.«
Der Analysand zweifelt einen Moment, gibt zu, daß solche Gefühle zwar nicht ausgeschlossen seien, die Enttäuschung jedoch mit Sicherheit überwiege.
Der Analytiker: »Ich glaube aber doch, daß Sie deutlich spürten, wie Sie sich Ihrem Freunde entfremdet hatten, sich jedenfalls nicht mit ihm gleichsetzen konnten. Vielleicht war der Freund schon immer so gewesen, wie Sie ihn jetzt erlebten. Weil Sie sich verändert haben, ist es Ihnen jetzt aufgefallen.«
Der Analysand: »Ich glaube nicht, daß Sie recht haben.«
Der Analytiker: »Es wäre doch denkbar, daß der Vorwurf, den Sie ihrem Freunde machen, einem Vorwurf entspricht, den Sie schon immer gern ausgesprochen hätten und der – wie wir ja wissen – eigentlich Ihrem Vater gilt.«
Der Analysand: »Sie haben durchaus recht. Vorwürfe wollte ich schon immer machen, und besonders Ihnen habe ich schon oft vorgeworfen, Sie verstünden mich nicht richtig. Jedesmal, wenn ich das tat, hatten Sie den längeren Arm, ich meine, Sie hatten immer das letzte Wort.«
Damit war die analytische Sitzung zu Ende.

Dieses Beispiel zeigt zunächst deutlich, wie sich eine Beziehung zwischen Analytiker und Analysand in einer falschen Richtung entwickeln kann. Wieso entwickelt sich diese Beziehung in einer falschen Richtung?
Man kann die Frage zurückweisen und in wohlwollender Art versuchen, den zitierten Dialog zwischen Analytiker und Analysand zu verstehen. Man kann auch darauf hinweisen, daß es nicht statthaft sei, eine Analysenstunde in dieser Weise herauszugreifen und dann, ohne den größeren Zusammenhang zu kennen, ein voreiliges Urteil zu fällen. Man

kann sich zunächst fragen, was der Traum bedeute. Man kann sich fragen, ob die Beziehung, die der Analysand zu seinem Analytiker hat, eine gute oder eine schlechte Beziehung sei. Doch die Beantwortung dieser Fragen ist schwierig.

Sicher ist, daß der Analysand mit allem, was er berichtet, in erster Linie seinen Analytiker herausfordert. Diese Herausforderung kann man als Ausdruck einer aggressiven Regung interpretieren, doch ist es wichtiger, zunächst einen anderen Gesichtspunkt zu berücksichtigen.

Der Analysand bemüht sich ganz offensichtlich darum, angehört und verstanden zu werden. Er tut dies, weil er in der Beziehung zu seinem Arzt eine starke Besetzung ausgebildet hat. Diese Besetzung ist von libidinösen Strebungen bestimmt, die die Übertragungsentwicklung charakterisieren. Ohne auf die Inhalte dieser Übertragungsentwicklung näher einzugehen, kann ich sagen, daß der Analytiker das Angebot seines Analysanden irgendwie unberücksichtigt läßt. Zweifellos spielen Wünsche des Patienten eine Rolle, die sich auf die Person des Analytikers richten und die ich als Liebeswünsche in einer positiven Übertragungsentwicklung bezeichnen kann.

Weshalb ist es gerechtfertigt, eine solche Behauptung aufzustellen?

Das ergibt sich aus der Sukzession der Einfälle, die der Analysand im Verlauf der nachgezeichneten analytischen Sitzung vorgebracht hat. Er beginnt die Stunde mit der Erzählung eines Traumes und fügt unmittelbar hinzu, daß er aus diesem Traum mit einer Pollution erwacht sei. Das heißt zunächst, daß eine erotische Bewegung im Analysanden entstanden ist, als er nach dem Zusammentreffen mit dem Freund in der folgenden Nacht diesen Traum geträumt hat. Im manifesten Trauminhalt kommt das lateinische Wort *agricola* vor. Dieses Wort weist in eigentümlicher Weise männliche und weibliche Charakteristika auf. Die Vorstellung des Bauern enthält, im Gegensatz zu *poeta* zum Beispiel, eine gedankliche Verknüpfung mit dem handwerklichen Umgang mit relativ wenig differenzierten Mitteln. Assoziiert der Träumer Einfälle, die in diese Richtung gehen, so werden im Analytiker Vermutungen über tiefere Zusammenhänge geweckt, die mit bestimmten Triebschicksalen in Verbindung stehen und nicht bedeutungslos sind, wenn man die Übertragung in ihren Ausdrucksformen verstehen will.

Dieser Gesichtspunkt soll hier nicht weiter verfolgt werden, weil im Verhalten des Analysanden zuerst ein viel offenerer und vordergründigerer Zug verstanden werden muß. Ich meine seine durchaus bewußte Vorwurfshaltung dem Analytiker gegenüber. Zweifellos handelt es sich

beim Analysanden nicht um einen sehr angenehmen Gesprächspartner, sondern um eine Persönlichkeit, die mit großem Einsatz versucht, den Analytiker zu verunsichern. Der Analytiker reagiert auf diese Vorwurfshaltung mit einer Abwehr, die sich nicht so sehr gegen den Analysanden und seine Ansprüche richtet, vielmehr eigenen Ängsten entgegenwirkt, die vom Analytiker kaum bemerkt werden.
Es ist durchaus verständlich, daß man als Analytiker bei bestimmten Analysepatienten Ängste entwickeln kann. Daraus sollte niemandem ein Vorwurf gemacht werden. Hingegen ist es, analytisch betrachtet, von großer Tragweite, wie der Analytiker mit seiner Angst umgeht. Er sollte sich seiner Ängste bewußt sein und sie nicht verleugnen, denn allein das Wissen um solche Ängste ermöglicht es, ihnen im analytischen Prozeß nicht unbedacht zum Opfer zu fallen.
Ich möchte nun nochmals auf die Motive zurückkommen, die im Analytiker Ängste hervorgerufen haben. Man sieht sogleich, daß ein massiver Übertragungsinhalt ganz im Vordergrund steht, sagt doch der Analysand während seiner Traumerzählung, daß die Frau im Traume den Analytiker darstellen könnte. Zudem spricht er offen aus, wie häufig er dem Analytiker Vorwürfe machen wollte und auch gemacht hat. Die Vorwurfshaltung des Patienten ist zudem aus der Distanziertheit und der spannungsgeladenen Atmosphäre zu ersehen. Die Annahme erscheint naheliegend, daß aggressive Regungen, die sich gegen die Person des Analytikers richten, Ursache der entstandenen Ängste sind. Eine solche Annahme ist jedoch verfehlt, weil Vorwurfshaltung, Aggression und Provokation durchaus zu den bewußtseinsfähigen Vorstellungen des Analysanden und zu den wirkungslosen Deutungsinhalten des Analytikers gehören. Sie können deshalb nicht die unbewußten Motivationen sein. Ich behaupte grundsätzlich, daß unbewußte Reaktionen sowohl des Analysanden als auch des Analytikers niemals gleichzeitig bewußtseinsfähig sind, auch wenn sich in einem Zusammenhang wie in meinem Beispiel eine solche Schlußfolgerung geradezu aufzudrängen scheint.
Es ist vielmehr so, daß der Patient den Wunsch hat, seine Liebe dem Analytiker zuzuwenden, und daß der ganze emotionale Prozeß, der hier im Gange ist, eben darin gründet. Und es ist die Liebe des Analysanden – zugegeben, die Liebe im Gewand der neurotischen Entwicklung –, die dem Analytiker dauernd Angst macht. Diese Liebesgeschichte hat mit dem Traum einen Höhepunkt erreicht, der durch die Pollution charakterisiert wird. Der Analysand ist mit seiner Vehe-

menz dem Analytiker viel zu nahe gekommen. Als er dann noch eine Pollution produziert, reagiert der Analytiker unbewußt mit einem Schrecken.

In diesem Zusammenhang ist es wichtig zu verstehen, was es bedeutet, daß der Analysand während seiner Erzählung den Analytiker nicht zu Wort kommen läßt, sondern unmittelbar nach der Traumerzählung von seiner Enttäuschung über seinen Freund spricht. Er läßt ihn nicht zu Worte kommen, weil er aktiv bleiben muß und es vermeidet, passiv dem Analytiker ausgesetzt zu sein. Begnüge ich mich anzunehmen, der Analysand drücke eben damit seine Enttäuschung über den Analytiker aus, betreibe ich ganz einfach Bewußtseinspsychologie, denn es ist offensichtlich – und dem Analysanden, wie auch dem Analytiker, seit längerer Zeit bekannt –, daß eine derartige Enttäuschung in der Übertragung besteht. Zweifellos ist sie auch schon wiederholt gedeutet worden. Würde also der Analytiker dem Analysanden zu deuten versuchen, daß er mit seiner Geschichte die Enttäuschung über die Analyse und die Person des Analytikers zum Ausdruck bringen will, könnte der Analysand leicht antworten, dies stimme möglicherweise schon, doch sei er am Sonntag nicht vom Analytiker, sondern eben von seinem Freund enttäuscht worden. Damit hätte der Analysand auch recht, denn beide Annahmen, die des Analytikers wie die des Analysanden, beziehen sich auf bewußtseinsfähige Inhalte. Beide Annahmen sind Ausdruck von Rationalisierungen. Jeder hat auf seine Art recht, wie er eben das »Rechthaben« zu begreifen vermag.

Ich will nochmals hervorheben, welche Regungen des Analysanden in dieser Situation besonders wichtig sind: Er liebt in irgendeiner Weise seinen Analytiker. Er zeigt Bedürfnisse, die mit seiner Art, sich einem anderen Menschen zuzuwenden, etwas zu tun haben. Anderseits fühlt er sich nicht verstanden. Betrachten wir nun den Analytiker. Ist er wirklich so abweisend? Der Analysand hat sich darüber geäußert. Er meint, der Analytiker habe in Diskussionen, die um seine Vorwurfshaltung kreisen, immer den längeren Arm.

Ist dieser Vorwurf gegen den Analytiker berechtigt? Ich glaube nicht, denn der Analytiker tut ja, was er kann. Er ist nicht unfähig, uneinsichtig oder ungeschickt. So einfach liegen die Dinge nicht.

Betrachte ich die Übertragung, so kann ich sagen, sie sei in erster Linie ambivalent; das heißt, es handelt sich um eine positive Übertragung mit starken negativen Inhalten. Ich kann idealisierende Tendenzen erkennen, eine latente homosexuelle Neigung vermuten, den rivalisie-

renden Machtkampf oder die massive Aggressionsproblematik hervorheben. Was die Übertragung aber am nachhaltigsten zeichnet, ist keineswegs eine qualitative oder quantitative Tendenz in dieser oder jener Richtung, sondern die Konfusion. Die Übertragung ist zur Zeit der zwei fraglichen Stunden wirr, chaotisch. Sie ist nicht strukturiert.
Nun kann es durchaus einmal vorkommen, daß sich in einer Übertragungsentwicklung eine Konfusion einstellt. Wie sollte es möglich sein, dies in jedem Falle zu vermeiden oder zu verhindern? In Wirklichkeit kommt es viel häufiger vor, als man denkt oder als man es sich und anderen gegenüber eingesteht. Was hat die Theorie der Technik für den Fall einer solchen Konfusion im Übertragungsgeschehen anzubieten?

Die Theorie der Technik beschreibt dazu zwei Konzepte. Das eine ist eine Warnung und verweist den Analytiker auf das, was uns nicht geschehen darf. Das andere richtet die Aufmerksamkeit auf eine dynamische Priorität.
Die Warnung baut auf dem metapsychologischen Konzept auf, daß Unbewußtes nicht nur der Triebsphäre, also dem Es, sondern auch Teilen des Ich angehört. Nicht nur Triebregungen, libidinöse Strebungen, Wünsche, Bedürfnisspannungen müssen als Ausdruck unbewußter Tendenzen berücksichtigt werden; auch Haltungen, Disponibilitäten, bestimmte Prioritäten, die das Ich zeigt, stehen unter dem Druck unbewußter Impulse. Die unbewußten Anteile des Ich lauern jetzt gleichsam auf Nahrung, die die Abwehr verstärkt. Dies ist so, weil die Konfusion im Übertragungsgeschehen Ängste auslöst und unkontrollierbare regressive Bewegungen fördert. Die Warnung lautet deshalb, dem Analysanden im Falle einer Konfusion seines Übertragungsangebotes keine Zusammenhänge aus seiner Lebensgeschichte oder seinem gegenwärtigen Erlebnisbereich anzubieten, die er, rationalisierend, zu einem künstlichen Ganzen formen kann. Einsichten, die in dieser Weise erzwungen würden, wären keine Einsichten im analytischen Sinn, sondern rationalisierende Denkprozesse, die im Dienste der Abwehr stehen und die Verdrängung der unbewußten, konfliktgebundenen Vorstellungen und Reaktionsweisen vertiefen. Ich halte mich infolgedessen in einem solchen Moment zurück, die Beziehung zum Vater, zur Mutter oder zur eigenen Kindheit, die idealisierende Tendenz, die homosexuelle Neigung, den Machtkampf und die Rivalität oder die Aggression deutend ins Feld zu führen.
Das zweite Konzept, das die Theorie der Technik anbietet, stützt sich

auf die metapsychologischen Vorstellungen, die die Psychoanalyse zur Charakterisierung des Primärprozesses entwickelt hat. Die Erkenntnisse, die Freud vor allem aus der Traumdeutung gewonnen hat, sind wesentlich, um die Vorgänge des Primärprozesses sinnvoll in die Theorie der Technik einzubeziehen. Die Regel der freien Assoziation, die im analytischen Prozeß eine so entscheidende Rolle spielt, gründet auf den Vorgängen des Primärprozesses. Sie besagt bekanntlich, daß die Dinge, die beim Assoziieren aufeinanderfolgen und für die bewußte Verarbeitung oft widersprüchlich und befremdend wirken, in einer hochspezifischen Weise miteinander zusammenhängen und zusammengehören. Dieser innere Zusammenhang entspricht dann dem Unbewußten in der jeweils gegebenen Situation des aktuellen Erlebnisbereiches. Die Sukzession im Assoziationsverlauf hat indessen für die Aufdeckung der unbewußten Vorstellungen und Regungen nicht nur dann eine große Bedeutung, wenn der Analysand beispielsweise zu einem seiner Träume Assoziationen vorbringt oder wenn er der Aufforderung des Analytikers folgt, alles zu sagen, was ihm einfällt. Diese Sukzession ist innerhalb der analytischen Situation allgemeingültig, das heißt, daß alles, was der Analysand vorbringt, was er erzählt, wann und wie er das eine auf das andere folgen läßt, die entscheidenden dynamischen Faktoren enthält, auf welchen die unbewußten Motivierungen ruhen.
Die Abfolge im Assoziationsverlauf ist wichtig, um zu einem analytischen Verständnis vorzudringen. Stehe ich vor der Aufgabe, eine Übertragungsentwicklung, die zu Konfusion geführt hat, in bessere Bahnen zu lenken, hilft mir das technische Konzept weiter, das empfiehlt, dieser Sukzession zu folgen, das heißt, mich uneingeschränkt an der Abfolge der Äußerungen des Analysanden zu orientieren. Diese Einstellung hat technisch gesehen Priorität. Ich darf mich dabei nicht scheuen einzusehen, daß ich im Moment ebensowenig verstehe wie der Analysand. Ich darf mich auch nicht abschrecken lassen, scheinbar völlig absurde Zusammenhänge einfach deshalb zu formulieren, weil sie sich in dieser und keiner anderen Weise gezeigt haben. Die Schwierigkeit bei diesem Vorgehen liegt im Widerstand der eigenen Kritik und in der Kritikfähigkeit des Analysanden. Sie rührt auch von unserem Bedürfnis her, Vorstellungen und kognitive Funktionen zu einem sinnvollen Ganzen zu ordnen.

Als Theorem der Technik läßt sich die Sukzession im Assoziationsverlauf etwa in folgender Weise auf unser Beispiel anwenden.

Der Analytiker könnte seinem Patienten sagen: »Es ist mir aufgefallen, daß Sie zuerst den Traum erzählt haben, bevor Sie mir von Ihrem Erlebnis mit dem Freund am Sonntag berichteten.«

Eine solche Deutung stützt sich zunächst lediglich auf die formalen Aspekte der Sukzession und bezieht sich auf das, was uns der Analysand während der Analysenstunde erzählt hat. Daraus ergibt sich, daß der Analysand den Traum braucht, ja, daß er sich gleichsam mit dem Traum bewaffnet, um ihn seinem Analytiker als erstes berichten und sich dieses Traumes entledigen zu können, bevor er von seinem Erlebnis der Enttäuschung über den Freund spricht. Es ist dem Analysanden unmöglich, diese einfache Sukzession der Dinge als nicht existent abzuweisen oder gar als etwas zu charakterisieren, was bloß einer Theorie entspräche. Es kann gar kein Zweifel darüber bestehen, daß es so war und nicht anders. Nur die Interpretation kann diskutiert werden.

In der Regel greift der Analysand selbst die Interpretation an. Er sagt etwa: »Ich verstehe gar nicht, was Sie meinen.« Damit folgt er seiner durchaus legitimen Intuition, denn er kann nicht verstehen, was der Analytiker damit zum Ausdruck bringen will. Er versteht noch nicht, daß der Analytiker im Grunde in der gleichen Lage ist wie er und ebensogut zu sich selber sagen könnte: »Ich weiß gar nicht, was ich meinem Analysanden da eigentlich sage.«

In der analytischen Situation folgen beide Partner nun nicht mehr ihrer Einfühlung, Empathie oder Intuition. Eine rein formale Betrachtungsweise kommt jetzt zur Anwendung, um eine unbewußte Tendenz, die die Konfusion herbeigeführt hat, zu entdecken. Ich gebe zu: In einer solchen Situation schwimmen Analytiker und Analysand in einer sehr ähnlich gelagerten Ungewißheit. Das hängt damit zusammen, daß sich die analytische Beziehung grundsätzlich zwischen zwei konfliktvollen Partnern entwickelt und nicht eine Beziehung zwischen dem geläuterten, unneurotischen Analytiker und einem von Konflikten und neurotischen Reaktionen geplagten Analysanden darstellt.

Der Analysand hat das Recht, den absurden Äußerungen des Analytikers mit Zurückhaltung und Zweifel zu begegnen. Der Analytiker aber muß an seinem Konzept festhalten und seine Darlegungen weiter ausarbeiten. Er fährt fort und sagt:

»Ich meine, Sie konnten gar nicht über das enttäuschende Erlebnis mit dem Freund sprechen, bevor Sie nicht den Traum erzählt hatten. Folglich liegt das, was Sie an dem Erlebnis mit dem Freund am stärksten berührt hat, im Traum. Ich verstehe, daß Sie gar nicht wissen, worum es sich dabei handelt. Sie können es nicht wissen, weil es unbewußt ist. Es muß etwas Unbewußtes sein, denn wäre es nicht unbewußt, hätten Sie den Traum entweder nicht gehabt oder ihn nicht erinnert oder ihn heute zu Beginn der Stunde nicht erzählt.«

Natürlich muß eine solche undifferenzierte, von inneren Zusammenhängen befreite Aneinanderreihung einfacher, formaler Aspekte deshalb befremdend wirken, weil Dinge, die bloß nacheinander erscheinen, in künstlicher Weise als kausal zusammengehörig und voneinander abhängig verstanden werden. Das Befremden und die Widerstände, die sich in jedem von uns melden, stammen von unserem sekundärprozeßhaften Denken und Reagieren, denn die eben beschriebenen Gesetzmäßigkeiten sind die Charakteristika des Primärprozesses, also jener psychischen Bewegungen, die wir mit dem Unbewußten gleichsetzen.

Es kommt jetzt darauf an, den eingeschlagenen Weg weiterzugehen und die Schlußfolgerungen aus der bisherigen Ableitung zu ziehen.

Was strebt der Analysand eigentlich an? Will er geliebt werden? Möchte er seinen unbewußten homosexuellen Neigungen Ausdruck verleihen, drängt es ihn, in einer rivalisierenden Haltung einen Machtkampf zu gewinnen oder seine Aggressionen endlich loszuwerden, sie gegen die Person des Analytikers zu richten? Ich glaube nicht. Die Tendenz der Strebungen des Analysanden geht zunächst ganz einfach in die Richtung einer affektiven Entspannung. Der Patient wünscht nichts anderes, als sich wohlzufühlen, wenn er in die Analysenstunde kommt und sich hinlegt und spricht. Seit Monaten kommt er spannungsgeladen, distanziert, verkrampft, ängstlich, aggressiv, vorwurfsvoll, dann wieder sexualisiert, rivalisierend, kämpferisch. Was wünscht er? In analytischen Kreisen ist es immer moderner geworden, zu sagen: Er wünscht verstanden zu werden. Ja gewiß, meine ich, doch was nützt es uns, wenn wir auf Verständnis stoßen und uns trotzdem nicht entspannen können? Ich wiederhole deshalb mit besonderer Absicht: Der Analysand wünscht die Entspannung. Unter allen Umständen. Die Absicht liegt in der Folgerung, daß es die Aufgabe des Analytikers ist, dafür zu sorgen, daß diese Entspannung möglich wird und daß der Druck im Übertragungsbezug nachläßt. Der Analysand ist nicht in der Lage, diese Aufgabe zu übernehmen. Er hat sich zur Analyse bereit erklärt. Wenn er regelmäßig zu den Sitzungen kommt und die Bedingungen der analytischen Situation erfüllt, hat er alles getan, was er tun kann. Dies impliziert aber, daß nun etwas in ihm in Bewegung kommt. Freud beschreibt diese innerpsychische Bewegung in »Erinnern, Wiederholen und Durcharbeiten« mit dem Bild, daß der Analysand aus dem Arsenal der Vergangenheit Stück für Stück seiner Waffen hervorhole, mit denen er sich der Fortsetzung der Kur zu erwehren suche. Solches Sich-Wehren und Kämpfen führt in jedem Falle zu Spannungen, die in der Übertragungsentwicklung auftreten und die mit der Reaktivierung der Konfliktneigungen zusammenhängen. Der Analytiker muß darauf achten, Reaktivierungen von Konfliktneigungen im Übertragungsbezug in jeder Phase des analytischen Prozesses entsprechend zu deuten, so daß eine Entspannung eintritt, denn nur wenn diese spezifische affektive Entspannung eintritt, kann es zu einer Neuformulierung der Konflikte kommen, die in der Vergangenheit des Analysanden eine Fixierung erfahren haben. Nur wenn diese Neuformulierung entsteht, wird in der analytischen Beziehung eine neue Erfahrung möglich, die die Quelle der emotionalen Revolution, des eigentlichen Sinns des analytischen Prozesses, darstellt.

Praktisch gesehen kommt es in unserem Beispiel also darauf an, dem Analysanden zeigen zu können, daß es ihm unmöglich gewesen ist, dem Analytiker in der Analysenstunde die emotionale Bewegung mitzuteilen, die der Konflikt mit seinem Freund in ihm ausgelöst hatte. Die Affekte, die am Sonntag beim Besuch des Freundes ausgelöst worden sind, wurden in den Traum verschoben. Damit entsteht ein neuer Gesichtspunkt, der aufdeckt, was im Analysanden vorgegangen ist. Die Pollution, die dem Traum folgte, erhält jetzt eine neue Bedeutung.

Was hat der Analysand am Sonntag mit dem Freund, in der folgenden Nacht mit Traum und Pollution und am Montag in der Analysenstunde wirklich erlebt?

Als er mit seinem Freund am Sonntag zusammen war und seine Enttäuschung wahrnahm, trat der intensive Wunsch auf, von diesem Erlebnis in der folgenden Analysenstunde zu berichten. Die Erfahrung des Patienten, dem Analytiker in dauernder Spannung und Distanz gegenüberzustehen, hat die Erwartung entscheidend beeinflußt, er sei unfähig, seinen Wunsch zu erfüllen. Er fühlte in schmerzlicher Weise, daß er von seinem Erlebnis nur dann in unverfälschter Weise sprechen könnte, wenn er nicht unmittelbar und in selbstenttäuschender Art in ein spannungsgeladenes Verhältnis zu seinem analytischen Gesprächspartner geraten würde. Dabei zeigt sich, wie stereotyp die Beziehungen des Patienten sich immer wieder entwickeln, denn das spannungsgeladene Verhältnis zum Analytiker entspricht beinahe ganz dem gestörten Ver-

hältnis zum Freund. An dieser Stelle vermute ich, daß der Patient offenbar dauernd und mit allen Menschen sehr leicht, im Sinne eines Wiederholungszwanges, in spannungsgeladene Beziehungen gerät.
Der Analysand befürchtete also, durch seine Erzählung über das enttäuschende Erlebnis vom Sonntag beim Analytiker eine Reaktion auszulösen, die gerade deshalb zu einem spannungsgeladenen Verhältnis führen würde, weil er voraussehen konnte, daß sein Analytiker die Enttäuschung über den Freund auf sich und die Analyse beziehen würde. Ich kann auch sagen, daß der Analytiker in seinem Deutungsansatz selber einem Wiederholungszwang anheimfällt. Um das zu vermeiden, das heißt, einem solchen Ausgang in der Erwartung der folgenden Analysenstunden zu entgehen, hat der Patient seinen Traum geträumt. In diesem Traum sind die beiden Beziehungen verdichtet enthalten, die Begegnung mit dem Freund und die bevorstehende Analysenstunde. Die Spannungen, die in beiden Beziehungen erlebt wurden, widerspiegeln sich im manifesten Bild des Traumes an der Diskussion über das lateinische Wort *agricola*. Um zu verstehen, welche Bedeutung dabei dem grammatikalischen Begriff *Akkusativ* zukommt, ist es wichtig hinzuzufügen, daß der Analysand französisch sprach und in seiner Tätigkeit als Mittelschullehrer die französische Sprache lehrte und an linguistischen Fragen interessiert war. Da im Französischen der grammatikalische Begriff *Akkusativ* eine klangliche Assoziation mit *accuser* (anklagen) einschließt, liegt in der Verwendung dieses Begriffes im Traum die symbolische Bedeutung der Anklage. Damit kommt eine Tendenz zum Ausdruck, die den Sinn hat, das Vorwurfsvolle, Anklagende aus der analytischen Beziehung zu eliminieren und in einem Erleben außerhalb der Analysenstunde, also im Traumerleben, unterzubringen. Die Tatsache, daß der Träumer an einer Pollution erwacht ist, bedeutet die Erfüllung seines Wunsches, in einer entspannten Beziehung zu seinem Analytiker zu stehen, wenn er am folgenden Tag von seinem Erlebnis mit dem Freunde berichten würde. Die sexuelle Bedeutung der Pollution ist in diesem Zusammenhang sekundär und für eine Deutung vorerst weder angebracht noch sinnvoll.
Es handelt sich zweifellos um einen Übertragungstraum. Der unbewußte Wunsch richtet sich auf die Erwartung, in der analytischen Beziehung zu einer entspannten, konfliktfreien Aussprache zu kommen, die es dem Analysanden erst ermöglichen würde, das auszudrücken, was ihn emotional so stark bewegte, als er sich seiner Enttäuschung über den Freund bewußt geworden war.

Ich kann erst jetzt vermuten, daß unbewußte oder vielleicht sogar bewußte homosexuelle Gefühle, die dem Freund seit langer Zeit gegolten hatten, an diesem Sonntag in irgendeiner Weise verändert empfunden worden sind, sei es, daß der Analysand ein Gefühl der Leere oder aber stärkerer sexueller Anziehung bemerkte oder daß ähnliche Gefühle, wie er sie einst dem Freund gegenüber empfand, jetzt immer deutlicher auf die Person des Analytikers gerichtet schienen. Von dieser Ausgangsposition her wäre es möglich, mit dem Analysanden den Traum analytisch aufzuarbeiten und den tieferen, unbewußten Vorstellungen zu folgen. Die ganze emotionale Bewegung, in der er sich am Sonntag befunden hatte, könnte vielleicht aufgeklärt werden.

Es wird nun klarer, weshalb die Deutung des Analytikers, der Patient stehe in einem Widerstand gegen ihn oder die Analyse und die Enttäuschung, die er erlebt habe, sei eine Enttäuschung über ihn, wirkungslos bleiben und am distanzierten Verhalten des Analysanden abprallen mußte. Es ist eben nicht möglich, den analytischen Prozeß in Gang zu bringen, ehe es nicht gelungen ist, das Übertragungsgeschehen aus der Konfusion herauszuheben. Stehe ich in einer Übertragungskonfusion, darf ich nicht Verhaltensweisen, Phantasien und Vorstellungen des Analysanden deuten, denn alle Deutungen, die ich jetzt gebe, steigern nur die Abwehr, in der sich der Patient befindet. Ich muß mich zunächst ganz darauf beschränken, den Ablauf und den Zusammenhang in der Sukzession der Assoziationen zu beschreiben.

3. Prioritäten und Relativierungen

Führt man sich die Vielfalt der Möglichkeiten von Interventionen oder Deutungsschritten vor Augen, ist es gar nicht so einfach, Prioritäten wahrzunehmen, die, technisch gesehen, den analytischen Prozeß fördern können. Wenn ich versuche, mich über das zu orientieren, was ich verstanden zu haben glaube, bin ich dauernd Schwankungen unterworfen. Mit anderen Worten: es gibt keinen geradlinigen Weg zu dem, was ich einem Analysanden sagen will. Wahrnehmung, Auffassung, Verstehen und die Verarbeitung im Denken und Kombinieren oszillieren dauernd um verschiedene, miteinander zusammenhängende Einfallsmodelle und bewirken schließlich einen Summationseffekt.

Mit dem Ausdruck Summationseffekt versuche ich einen Vorgang zu beschreiben, der dadurch gekennzeichnet ist, daß sich Impulse und Eindrücke anhäufen, so daß die Aufmerksamkeit in eine ganz bestimmte Richtung und auf einen ganz bestimmten Inhalt gelenkt wird. Der Analytiker, der seinem Analysanden zuhört und sich dabei in den Zustand versetzt, den Freud die freischwebende Aufmerksamkeit nannte, befindet sich eigentlich nicht in einem Zustand, sondern in einer ständigen Bewegung, der er folgt. Diese Bewegung hat eine Dynamik und einen Inhalt. Die Dynamik wird von der Emotionalität, der Inhalt von der Einfallsfolge bestimmt, wobei beide Teile zusammenwirken und im Verlauf einer Stunde, einer Woche, oder im Verlauf von wenigen Minuten, einen Summationseffekt von bestimmten Vorstellungen erzeugen, der mir den Eindruck vermittelt, ich könnte oder ich sollte jetzt das sagen, was ich dann auch ausspreche.

Es ist keineswegs so, daß ich von Anfang an weiß, was ich tun soll, wenn ein Analysand beispielsweise während längerer Zeit schweigt und dann gespannt sagt, er habe nicht arbeiten können, bevor er zu mir kam. Er sei wütend geworden, weil er schon wieder seinen Arbeitsplatz verlassen mußte, um die Analysenstunde einzuhalten. Es störe ihn, fügt er hinzu, daß er immer wegschleiche, als ob er sich schuldig fühlte, etwas Unstatthaftes zu tun. Stehe ich einer solchen Situation gegenüber, weiß ich zunächst noch nicht, wie ich mich einstellen soll. Handelt es sich um einen Widerstand? Werden möglicherweise positive Gefühle in dieser Weise abgewehrt, oder wird mit dieser Äußerung die Analyse als Ganzes in Frage gestellt? Vielleicht drückt der Analysand damit aber nur aus, daß er das, was er mitteilt, eher sagen kann als etwas anderes, etwas Peinliches zum Beispiel, das ihm an mir aufgefallen ist und das er verschweigt. Ich will nun nicht näher darauf eingehen, was für Motive den Analysanden veranlassen, sich in dieser Weise zu äußern, sondern hervorheben, wie sinnlos es ist, sich darüber Gedanken zu machen, ohne der Sukzession dessen, was der Analysand nun weiter vorbringt, größte Aufmerksamkeit zu schenken. Nur dann kann man erwarten, einen Einblick in das zu erhalten, was wirklich vorgeht.

Ich warte also zu.

Solches Zuwarten wird oft falsch eingeschätzt. Zuwarten steht nicht in einem polaren Gegensatz zu Intervenieren, Deuten, Auffordern oder Irgend-etwas-Sagen, das dann die Atmosphäre in der analytischen Situation wieder freundlicher gestaltet. Im Zuwarten liegt eine Dynamik von hoher Brisanz. In kurzer Zeit oszillieren verschiedene Auffassungen über das, was in der Beziehung zwischen Analysand und Analytiker vorgeht. Während ich diese oder jene Einstellung realisiere, kann ich auch verfolgen, wo ich einem Drang nachgeben möchte, dieses oder jenes zu interpretieren. Aber nicht nur der Analytiker macht sich Gedanken und geht von einer Auffassung zu einer anderen. Der Analysand unternimmt dasselbe. Nur die Motive sind bei den beiden Partnern verschieden.

Von hier aus läßt sich eine Priorität formulieren, die technisch gesehen von großer Bedeutung ist: Priorität gebührt in dieser spezifischen Phase des analytischen Prozesses der Aktualisierung des Übertragungskonflikts. Was aber soll ich tun, um den Übertragungskonflikt phasengerecht zu aktualisieren?

Es mag paradox klingen, wenn ich nun feststelle, daß die Priorität, von der ich spreche, den tiefen, unbewußten Zusammenhängen gilt, welche in einer kritischen Stunde oder Phase an der Wurzel der komplexen, unverständlichen Erlebnisweise des Analysanden liegen.

Es handelt sich zunächst nicht darum, diese unbewußten Zusammenhänge aufzuklären. Ich hatte ja in meinen Ausführungen über die Fallstricke bei der Orientierung im analytischen Prozeß (1. Kapitel) bereits auf die gefährliche Tendenz hingewiesen, bei der Aufdeckung des Unbewußten vorzeitig die großen Figuren aus der Kindheit und die damit in Zusammenhang stehenden größten Lebensprobleme in den Mittelpunkt zu stellen. Bei der Aktualisierung des Übertragungskonfliktes ist nicht die Verknüpfung mit solchen Inhalten, Erinnerungen oder damit verbundenen Vorstellungen das Primäre. Vielmehr steht ein rein quantitativer Faktor innerhalb der Besetzungsmodalitäten, die sich in der analytischen Beziehung zeigen, ganz im Vordergrund. Um das zu verdeutlichen, will ich auf die beiden bisher angeführten Beispiele zurückkommen.

In der Analyse des Mannes, der nach dem enttäuschenden Zusammentreffen mit seinem Freund den Traum erzählte, in welchem ein sprachwissenschaftlicher Disput vorkam, war das, was daran so komplex und unverständlich erschien, nichts anderes als der Ausdruck der tiefen Zusammenhänge, die zur konfusen Übertragungsentwicklung führten. Beim anderen Analysanden, der nach längerem Schweigen seinen Unmut über den Zwang, zur Analyse zu kommen, geäußert hat, sind die tieferen Zusammenhänge, die diese Reaktionsweise heraufbeschworen haben, mit einer affektiven Überbeanspruchung im gesamten psychischen Haushalt verknüpft.

Im einen Fall ist es eine zunehmende Verwirrung, im anderen eine zunehmende Überbeanspruchung, die dazu geführt haben, daß eine spannungsgeladene Atmosphäre in die Beziehung zwischen Analysand und Analytiker gekommen ist. Eine solche Spannung hat ihre Ursache in einer sich allmählich oder plötzlich entwickelnden polar entgegengesetzten Besetzungsmodalität in der Psyche der beiden Partner der analytischen Beziehung. Damit entsteht nun beinahe unmerklich ein psychisches Seilziehen, weil die Interessen der beiden Partner in Gegensatz zueinander stehen. Der Analysand, der, natürlich auf unbewußtem Wege, die Verwirrung und Konfusion vorantreibt, begegnet einem Analytiker, der sich, wiederum unbewußt, dieser Tendenz entgegenstellt, sie zu bremsen versucht, sie verhindern will. Der Analysand, der dauernd überbeansprucht ist, diese Überbeanspruchung aber erst allmählich im Zuge der Übertragungsentwicklung in irgendeiner Form zu manifestieren beginnt, steht einem Analytiker gegenüber, der darauf bedacht ist, diese Überbeanspruchung zu ermäßigen, zu neutralisieren, abzufangen und zu kompensieren.

Ich muß nochmals darauf hinweisen, daß ich nicht von bewußten Absichten, weder des Analysanden noch des Analytikers, gesprochen habe, sondern mit jenen polaren Einstellungen die emotionale Bewegung meine, die beide Partner in der Analyse dazu führt, sich aufeinander einzulassen.

Der wichtigste Aspekt in dieser ganzen Betrachtung ist die Reaktivierung des Übertragungskonfliktes, die allein den analytischen Prozeß fördert. Es kann nämlich keine Rede davon sein, daß eine Spannung, die sich aus einer polar entgegengesetzten Besetzungsmodalität der beiden Partner in der Analyse herleitet, zu einer Reaktivierung des Übertragungskonfliktes führt. Eine spannungsgeladene Beziehung zwischen Analytiker und Analysand kann zweifellos konfliktvoll sein, doch handelt es sich bei diesem Konflikt um eine Auseinandersetzung, die in den Bereich bewußtseinspsychologischer Zusammenhänge gehört, weil die damit in Verbindung stehenden unbewußten Motivationen nicht durchschaubar werden. Der Übertragungskonflikt kann nur dann im analytischen Prozeß reaktiviert werden, wenn die Besetzungsmodalitäten, sowohl des Analysanden wie des Analytikers, in ein und denselben Sinn orientiert sind. Das sind also die Bedingungen, denen eine allererste Priorität zukommt.

Damit dieser Priorität Rechnung getragen wird, muß sich der Analytiker, und nicht der Analysand, entsprechend einstellen. Er kann sich aber nur dann entsprechend einstellen, wenn er sich seiner Aufgabe bewußt ist, das heißt, wenn er auch weiß, worauf es ankommt. Einfühlung und Empathie helfen mir in allen Situationen, in welchen ich keinen Schwierigkeiten gegenüberstehe, und nützen mir wenig, sobald ich in Schwierigkeiten komme.
Es ist eine alte Weisheit psychoanalytischen Verfahrens, daß man als Analytiker dem Analysanden folgen soll; daß man den Spiegel seines Unbewußten darzustellen hat; daß der Analysand in die Lage kommt, von dem zu sprechen, was ihn bewegt, und nicht der Analytiker von dem bewegt ist, was ihm einfällt.
Doch wie soll das geschehen? Was soll das heißen, sich so einzustellen, daß das, was man besetzt, den Besetzungsmodalitäten des Analysanden entspricht, wo doch die Motivierungen für all das unergründlich im Unbewußten liegen?
Zugegeben, dafür gibt es kein technisches Konzept. Aber dafür brauche ich auch kein technisches Konzept. Die Forderung, daß ich mich auf den Analysanden einstelle, und nicht umgekehrt, ist im Grunde keine Forderung, sondern ein Bestandteil der Psychoanalyse selbst. Wenn ich also Psychoanalyse betreibe, bringe ich diese Einstellung ohnehin in die analytische Beziehung mit. Dann aber können Schwierigkeiten und Hindernisse auftreten. Ich möchte die Verhältnisse, die sich da zeigen, mit einer Reise in ein unbekanntes Land vergleichen. Als Analytiker bin ich immer schon unterwegs und begegne möglicherweise

Hindernissen, sehe mich in Schwierigkeiten oder bleibe vorübergehend irgendwo stecken. Ich bin unterwegs und nicht zu Hause mit Prospekten und Landkarten beschäftigt, um mich mit all den Fragen herumzuschlagen, die vielleicht dann so beantwortet werden, daß ich mich entschließe, die Reise zu unternehmen. Die Schwierigkeiten und Hindernisse, die sich immer zeigen, wenn ich im Zweifel bin, ob ich nun ein großes Unternehmen in Angriff nehmen soll oder nicht, sind Schwierigkeiten, die ich sehr bewußt von jenen anderen Schwierigkeiten unterscheiden muß, die sich ergeben, wenn ich unterwegs bin.
Mit diesem Vergleich versuchte ich nur deutlich zu machen, daß der Analytiker nicht erst dann mit seinem Analysanden unterwegs ist, wenn er die Analyse beginnt, sondern bereits dann, wenn er jemanden zum ersten Mal sieht oder mit ihm spricht, der vielleicht eine Analyse unternehmen wird. Immer dann, wenn ich mich analytisch einstelle, bin ich bereits unterwegs. Dieser Gesichtspunkt ist für mich von fundamentaler Bedeutung, wenn es darum geht, mit einem Analysanden eine analytische Situation herzustellen oder eben nicht herzustellen, so wie ich, bereits auf einer Reise unterwegs, zum Beispiel klären muß, ob ich mit einem Schiff oder mit der Bahn oder wie auch immer weiterkomme. Es kann sein, daß die Eisenbahnen nicht fahren, die Schiffe wegen politischer Unruhen vor Anker liegen und die Flugplätze gesperrt sind. Vielleicht werde ich mit einem Lastwagen weiterreisen. So bin ich als Analytiker vielen Menschen begegnet, mit welchen ich auf Hindernisse traf, die eine Analyse unmöglich machten. Wir müssen nur eines klar sehen: Man darf keine Kompromisse eingehen. Das, was ist und was nicht ist, darf nicht vertuscht werden. Damit ist eigentlich alles ausgesprochen, was Analytiker, wie beispielsweise Willi Hoffer, gemeint haben, wenn sie sagten, die Analyse sei unteilbar.
Ich habe diesem Gesichtspunkt deswegen so viel Raum gegeben, weil diese grundlegende Einstellung zur Analyse eine Ausgangsposition schafft, die im weiteren Verlauf der Analyse dann eine Unzahl von Problemen und scheinbaren Schwierigkeiten mit der psychoanalytischen Technik in einem anderen Licht, anders formulierbar erscheinen läßt.

Wie läßt sich eine solche Neuformulierung umschreiben?
Ich will die Situation so realistisch sehen, wie sie ist. Die Schwierigkeiten, denen ich begegne, zeigen sich in genau derselben Art, wie sich alle Schwierigkeiten in meinem Leben zeigen, denen ich nicht ausweichen kann. Im Umgang mit einem Menschen, den ich nicht verstehe,

muß ich, genauso wie in anderen Situationen, untersuchen und prüfen, wo ich stehe. Um diesen Standort abgrenzen zu können, brauche ich Signale. Sie kommen von außen und von innen. Ich muß zunächst erkennen, wie der Partner, in unserem Falle also der Analysand, auf mich anspricht. Wie ist das Echo, das ich in ihm erzeuge? Nichts darf mich davon abhalten, das zu erfassen und zu verstehen. Es ist für alles Weitere entscheidend und hat überhaupt nichts damit zu tun, daß ich mich aufdecke oder in der Gegenübertragung etwa mitagiere. Die Mißverständnisse, die in diesem Bereiche noch immer bestehen, sind verwirrend. Sie gehen auf die schwierigen Verhältnisse zurück, die die soziale Rolle des Analytikers in der Gesellschaft, in der er lebt, kennzeichnen. Jedenfalls sind diese Mißverständnisse die Ursache für Konfusionen, die sich in der Übertragungsentwicklung der Analysanden oft einstellen. Sie stellen sich ein, weil der Analytiker sich in seiner gesellschaftlichen Rolle unsicher fühlt und weil er sich falschen Forderungen unterwirft, die ihn daran hindern, das zu tun, was ihm entspricht. Die Beziehung, die ich zu meinem Analysanden herstelle, muß in jedem Falle zu mir passen und stimmen, was keineswegs in Widerspruch dazu steht, daß ich dem Analysanden folge, mich ihm entsprechend einstelle und mich nicht etwa in eine polar entgegengesetzte Position manipulieren lasse.

Das ist genau so, wie wenn ich zum Beispiel in ein Restaurant essen gehe. Dort angekommen, stelle ich mich so ein, daß ich mich wohlfühle, ich bestelle das, was zu mir paßt und stimmt. Ich tue das unter selbstverständlicher Berücksichtigung von all dem, was mir angeboten wird: Küche, Bedienungspersonal, Raumgestaltung, die anderen Gäste, die Preise. Treten Mißverhältnisse in derartigen Gleichgewichten auf, spüre ich schnell eine Spannung und ein Unbehagen. Ich kann dann nur in sehr beschränktem Maße erwarten, daß sich die störenden Bedingungen außerhalb von mir ändern. Ich muß mich umstellen, und wenn ich dazu nicht disponiert bin, kann ich nichts anderes tun als das Lokal verlassen und eines aufsuchen, das mir besser zusagt.

Im Umgang mit einem Analysanden kommt es darauf an, daß ich weiß, was ich will, und daß ich auch ausspreche, was unumgänglich ist, damit ich meine Funktion spannungsfrei ausüben kann. Das allein genügt aber nicht, um sich vor schweren Fehlern zu bewahren. Die Grenzen müssen im Auge behalten werden, die vor dem Mitagieren und vor ungünstigen Reaktionen in der Gegenübertragung schützen. Diese Grenzen sind desto deutlicher sichtbar, je mehr folgende Gesichtspunkte berücksichtigt werden, und desto verschwommener, je weniger sie in Betracht gezogen werden:

1. Der analytische Prozeß zeigt nie einen linearen Verlauf. Er ist komplex und keineswegs so geartet, daß zuerst die einfacheren Bezüge, später die komplizierteren hervortreten.

2. Der Analysand – und wenn er ein Schwachsinniger wäre – verfügt in jedem Falle über sehr differenzierte Reaktionsweisen, die es nicht gestatten, die seelischen Vorgänge, die ihn bewegen, zu simplifizieren oder nach irgendeinem Schema zu kodifizieren.

3. Es gibt keine Hierarchie in den Fähigkeiten der Menschen, mit den Konfliktneigungen besser oder schlechter fertig zu werden, auch wenn es manchmal so scheint. Man neigt immer dazu, den Menschen, den man nicht kennt, entweder zu optimistisch oder zu pessimistisch zu beurteilen, wenn man ihn mit sich selbst vergleicht. Die größte Gefahr, die den Analytiker umgibt, liegt in seiner Neigung, sich in elitärer Weise disponiert zu fühlen, anderen Menschen in der Bewältigung ihrer Konflikte helfen zu können. Jeder Mensch hat einen gewissen Einfluß auf andere. Nicht diese Eigenschaft ist es, die den Analytiker zu dem macht, was er ist.

Wenn ich über psychoanalytische Technik spreche, wähle ich nicht zufällig Beispiele, die sehr problematische Situationen darstellen oder die eine nicht überbrückbare Spannung in der analytischen Beziehung aufzeigen, denn solche Beispiele sind viel bedeutsamer als jene, an welchen ich zeigen kann, wie alles folgerichtig und konfliktfrei vor sich geht. Wenn alles stimmt, fällt einem immer das Richtige ein. Genau diesen Verhältnissen schließt sich die Theorie der Technik an. Sie formuliert Konzepte, die eigentlich nur dann zur Anwendung kommen, wenn ich auf sie zurückgreifen muß, weil ich in der Beziehung zu meinem Analysanden und bei der Aufgabe, den analytischen Prozeß in Gang zu bringen, auf Schwierigkeiten stoße. Die Konzepte der Technik umfassen keineswegs alles, was sich zwischen den beiden Partnern im analytischen Prozeß abspielt. Die meisten Bewegungen, die sich im affektiven und kognitiven Bezug zeigen, brauchen von der Theorie der Technik nicht näher umschrieben zu werden. Die Theorie der Technik ist eine Sammlung von Modellen, die dann zur Anwendung kommen, wenn der Analytiker, infolge seiner Konfliktgebundenheit, den Überblick über das, was in der Analyse vorgeht, zu verlieren droht. Es ist dann seine Aufgabe, aus dem Angebot der Theorie der Technik jene Konzepte heranzuziehen, die er jetzt braucht, um den analytischen Prozeß weiterzubringen. Das ist in jeder Situation und bei jedem Analytiker verschieden. Wichtig ist jedoch, daß eine solche Situation klar erkannt wird.

Ich möchte die Funktion der Theorie der Technik und ihrer Konzepte durch zwei Vergleiche beschreiben:

1. Die Theorie der Technik läßt sich mit unseren Apotheken vergleichen, ihre Konzepte mit den Medikamenten, die dort zu beziehen sind. Wenn wir uns gesund fühlen, beachten wir die Apotheken kaum, weil uns Medikamente nicht interessieren. Sobald wir aber krank sind, suchen wir sie auf und wählen uns die Medikamente aus, die uns helfen, wieder gesund zu werden. Die Medikamente sind in Flaschen, Dosen, Tuben und Röhrchen auf den Regalen der Apotheke aneinandergereiht, vielleicht nach alphabetischen Ordnungsprinzipien oder nach Krankheitsgruppen wie Herzstörungen, Verdauungsbeschwerden und dergleichen mehr. Es würde nun niemandem einfallen, in einer Apotheke alle Medikamente zu studieren, um sich dann ein Bild darüber zu machen, wie der menschliche Körper gebaut ist und wie sein Organismus funktioniert. Ganz gleich verhält es sich mit der psychoanalytischen Technik. Durch ihr Studium und das möglichst umfassende Auswendiglernen ihrer Konzepte wird der Analytiker niemals dazu kommen, besser zu verstehen, was in seinem Analysanden vorgeht.

2. Wenn ich vorhabe, mit meinem Wagen in eine große Stadt zu fahren, die ich noch nicht kenne, folge ich den Wegweisern entlang den Straßen und kann mir anhand der angegebenen Kilometerzahlen ein Bild machen, wie lange ich mich noch auf der Fahrt befinden werde. Wegweiser und Entfernungsangaben sind zweckmäßig. Sie haben Symbolcharakter. Es sind gewöhnlich einfache und leichtverständliche Zeichen. Niemand könnte wünschen, daß anstelle dieser Zeichen Bilder oder Filme über das Leben der Stadt, über ihre Architektur und ihre Geschichte gezeigt würden, die sich beispielsweise immer größer, bewegter und eindrücklicher präsentierten, je mehr man sich der Großstadt näherte. Das wäre unsinnig und würde die Unfallgefahr wegen Ablenkung der Aufmerksamkeit enorm steigern. Ebenso ist es mit der Theorie der Technik und ihren Konzepten. Sie beschränken sich auf Zeichen und Signale, aus denen man keinen Aufschluß gewinnen kann, wie im Allgemeinen und im Einzelnen das Objekt beschaffen ist, das man mit Hilfe dieser Zeichen und Signale zu erreichen sucht.

Ich erwarte von der Technik der Psychoanalyse weder ein besseres

Verständnis der psychischen Struktur meines Analysanden noch die Befriedigung meiner Neugier, etwa durch Anwendung technischer Konzepte zu entdecken, wie meine Partner fühlen, reagieren, lieben, denken, phantasieren, kurz, wie sie ihr Leben gestalten.
Die Überbewertung der Technik in diesem oder jenem Sinne ist ganz wesentlich für sehr viele Formen des Mitagierens und ungünstiger Gegenübertragungsreaktionen verantwortlich.
Ein einfaches Beispiel dafür liefert die so häufig vorkommende stereotype Anwendung der berühmten Grundregel. Analytiker sind beinahe schon gewohnt, ihren Analysanden zu Beginn der Analyse die Grundregel mitzuteilen, so als wäre diese wie ein Bahnbillet an einem Schalter zu beziehen, bevor man in den Zug steigt.
Der Analytiker erklärt seinem Analysanden etwa: »Wenn Sie nun die Analyse beginnen, ist es am besten, Sie sagen einfach alles, was Ihnen einfällt.«
Der Analysand antwortet: »Gut, ich werde das tun.«
Man steht hier vor einem Mißbrauch des technischen Konzepts, denn der Analysand kann dieser Regel gar nicht folgen. Das hat Loewenstein aufgrund der ichpsychologischen Entwicklungen der psychoanalytischen Wissenschaft erkannt. In seinem Artikel »On free association« sagt er, man könne dem Analysanden bestenfalls erlauben, nie aber vorschreiben, das auszusprechen, was ihm einfalle.
Die Ansicht, zu Beginn der Analyse solle der Analytiker seinen Analysanden auffordern, alles zu sagen, was ihm einfällt, ist historisch daraus zu erklären, daß sich die psychoanalytische Methode bekanntlich aus dem Umgang mit der Hypnose und der Druckprozedur ableitet. Freud verwendete in einer bestimmten Zeit, als er bereits auf die Hypnose verzichtet, die Wirksamkeit der freien Assoziation aber noch nicht entdeckt hatte, die Methode der Druckprozedur. Er legte dem Patienten die Hand auf die Stirne und forderte ihn auf, seine Einfälle unmittelbar preiszugeben. Dieses Vorgehen hat naturgemäß etwas Forderndes, Beeinflussendes und steht der Hypnose noch näher als der Psychoanalyse. Heute dagegen ist die Mitteilung der Grundregel zu Beginn einer Analyse ein Anachronismus, der etwas Starres an sich hat und mit zu der unanalytischen Tendenz gehört, einen Analysanden, der gerade dabei ist, sich der Analyse zuzuwenden, mit Anweisungen zu überschütten: »Sie haben pünktlich zur Stunde zu kommen und rechtzeitig abzusagen, sonst bezahlen Sie die ausgefallenen Stunden, und wenn Sie in die Ferien gehen, bezahlen Sie die Stunden trotzdem, oder Sie brauchen Sie

dann nicht zu bezahlen. Sie sollten auch wissen, wie es hier zugeht. Wenn Sie hier hereinkommen, haben Sie die Tür zu schließen und sich hinzulegen. Steht das Fenster noch offen, werde ich, und nicht Sie, es schließen.« Es gibt sogar Analytiker, die den Analysanden anweisen, er habe ein weißes Tüchlein mitzubringen, damit das Kissen auf der Couch geschützt bleibe; oder damit der Analysand auf einem ihm gehörenden Tüchlein liege und sich in der Analyse das Intime und Familiäre einstelle. Nach Abschluß der Analyse sendet dann der Analytiker seinem ehemaligen Analysanden das Tüchlein per Post zurück. All das sind nicht etwa Phantasien, sondern Dinge, von denen ich weiß, daß sie tatsächlich vorkommen.

Eine andere Tendenz, technische Konzepte zu mißbrauchen, zeigt sich in bestimmten asketischen Reinheitsauffassungen. So rühmt sich beispielsweise ein Analytiker, sein Analysenzimmer sei völlig neutral, hellgrau gestrichen, kein Bild an der Wand. Alles ist bewußt spröde und uninteressant, damit der Analysand unbeeinflußt, ohne abgelenkt zu werden, frei assoziieren könne und dann auch die Einsicht – alles in allem – leichter vor sich gehe. Dazu gehört auch die Auffassung, Neutralität steigere das Phantasievermögen des Patienten und die Tatsache, daß der Analytiker unsichtbar hinter dem Analysanden sitze, erleichtere es diesem, sich zu entspannen und sich gehen zu lassen.

Bemerkenswert ist, daß die Bedeutung, die diese Anordnung in der analytischen Situation für den Analytiker selbst hat, ganz in den Hintergrund rückt. Dabei ist jedem Analytiker bewußt, wie viel freier er sich bewegen kann, wenn er für den Analysanden unbeobachtet bleibt. Diese größere Freiheit mag sich auch auf die innere Freiheit beziehen, den eigenen Assoziationen besser folgen zu können, doch darf man nicht außer acht lassen, daß sie ganz besonders äußerliche Dinge betrifft. Der Analytiker macht unbeobachtet eine Reihe von kleinen Dingen, die er niemals tun würde, wenn er sich von einem Partner, der ihm gegenübersitzt, beobachtet fühlte. Er versetzt sich mit dieser Anordnung in der analytischen Situation in eine Lage, die ihn in manchen Belangen von gesellschaftlich bedeutsamen Kontrollfunktionen dispensiert. Damit erleichtert er sich seine Aufgabe, sich seinem Analysanden in einer Weise zuzuwenden, die dem folgt, was der Analysand selbst ist.

Wer nun daraus ableitet, ich würde vorschlagen, der Analytiker solle doch den Mut haben, dem Analysanden bekannt zu geben, was er hinter ihm alles tut, macht sich die Sache zu einfach, denn darauf kommt es nicht an. Das Wesentliche liegt in der Einstellung des Analytikers

zu der Freiheit, die er sich in seiner Rolle einräumt. Er bildet nämlich leicht unbewußte Schuldgefühle aus, die aber keineswegs auf die heimlichen kleinen Aktivitäten zurückzuführen sind – das wären bloß Rationalisierungen –, sondern diese Schuldgefühle sind gesellschaftlicher Natur. Er beobachtet plötzlich sein eigenes Verhalten und befürchtet, durch ein unerwartetes Sich-Umdrehen des Analysanden ertappt zu werden. Diese Gefühle des Analytikers, die viel häufiger vorkommen, als man meint, werden in der Regel als Belanglosigkeiten hingestellt oder glatt verschwiegen. Niemand will darin Ersatzhandlungen erkennen, die mit einem schwer faßbaren Gewissenskonflikt zusammenhängen, der den Analytiker fast stets zu einem Kompromiß zwischen den Zielen des analytischen Prozesses und den ungeschriebenen Forderungen der Gesellschaft zwingt. Gewöhnlich entwickelt sich der Kompromiß ganz allmählich und unsichtbar. Es ist schwierig, das zu verallgemeinern: Jeder erlebt es auf seine Weise. Für mich war es oft so, daß sich ein Unbehagen einstellte, wenn ich bei promiskuitiven oder delinquenten Handlungen, von welchen der Analysand berichtete, innere Forderungen aus meinem Überich unterdrückte und mich dann dabei ertappte, wie ich mich in meinem Sessel aufrichtete und gleichsam »wohlerzogen« dasaß, als müßte ich einen »guten äußeren Eindruck« machen. Ich bemerkte, daß dann mein Unbehagen nachließ. In dem, was ich dann sagte, lag ein wohlwollender pastoraler Tonfall. Erst als es mir möglich war, diese Verhältnisse zu reflektieren, konnte ich meine entspannte dekonfliktualisierte Haltung wiederfinden. Ich verstand schließlich, daß mein Analysand mich verführte, den Kompromiß zwischen Analyse und gesellschaftsrelevanten Forderungen einzugehen.
Das analytische »setting« ist neuerdings vielfach in Mißkredit geraten. Therapeuten, welche die direkte Konfrontation, Gruppentherapien und offene Aussprachen der starren analytischen Situation vorziehen, kritisieren den hierarchischen Status des unsichtbaren, unkontrollierbaren Analytikers, der, wertend, dem ausgelieferten Analysanden wohlwollend gesinnt ist. Auch wenn die Analytiker noch so sehr betonen, daß sie keineswegs eine solche Einstellung haben, bleibt dieser Standpunkt weiter bestehen. Die Analytiker und die falschen Theoreme, die sie vertreten, Anachronismen, die nicht angetastet werden dürfen, sind selber dafür verantwortlich, daß das analytische Vorgehen in immer weiteren Kreisen als etwas Unsoziales, Reaktionäres erlebt wird. Man weicht aus, wenn man bloß die Bezahlung der Analytiker für diesen Mißkredit verantwortlich macht und sagt, Psychoanalyse sei eben nur für reiche

Leute. Das Entscheidende ist der Mißbrauch analytischer Technik, im weitesten Sinne, zu moralischen Zwecken. Dabei sind diese Tendenzen größtenteils unbewußt, und dort, wo sie bewußt sind, werden sie zur Stützung clanbedingter Standesinteressen verschleiert.

Was nun den analytischen Prozeß betrifft, so meine ich, daß alle diese scheinbar äußerlichen Dinge, die die analytische Situation berühren, eine große Rolle spielen. Die Anordnung, die ich als Analytiker treffe, um eine analytische Situation herzustellen, bedeutet nichts anderes als eine bewußt angestrebte Konstruktion. Diese Konstruktion wird nun keineswegs in erster Linie deshalb angestrebt, damit im Analysanden irgendwelche regressiven, magisch-symbolischen Reaktionsweisen und Assoziationsabläufe gefördert werden. Vielmehr ist die analytische Situation eine Voraussetzung, die mir die Möglichkeit gibt, dem analytischen Prozeß innerhalb eines mittleren Bereiches zu folgen. Auf der einen Seite kommt es noch zu einem emotionalen Durchbruch, auf der anderen Seite wird eine Regression vermieden, eine Regression nämlich, die schon jenseits von dem steht, was man als »Regression im Dienste des Ich« bezeichnet.

Emotionale Durchbrüche im Sinne des großen Agierens, wie beispielsweise ein seelischer Aufruhr, der den Analysanden zu handgreiflichen Bedrohungen des Analytikers hinreißt oder zu erotischen oder sexuellen Ausbrüchen führt, sind ebenso unerwünscht und gefährlich wie jene tiefen Regressionen, in denen der Analysand seine autonomen Funktionen aufgeben muß und überhaupt nicht mehr in der Lage ist, dem analytischen Prozeß eine Richtung zu geben und zu verstehen, was in ihm vorgeht.

Bevor sich der Analytiker zur Analyse entschließt, muß er sich der Gefahren wie auch der Möglichkeiten in gleichem Maße bewußt geworden sein. Das gilt hier ebenso wie im Beruf des Arztes überhaupt. Hat man aber die Analyse einmal begonnen, muß man sie auch fortsetzen. Das kann man nur, wenn die analytische Situation auf breitester Basis angelegt worden ist. Es genügt nicht, daß der Analytiker sich so einstellt, etwa zu sagen: »Wissen Sie, ich habe das Gefühl, bei Ihnen wäre eine Analyse wirklich angezeigt«, und daß dann, wenn der Analysand einverstanden ist, die Analyse beginnt. Nach zwei oder drei Wochen erkennt man dann allmählich, daß sich ernsthafte Hindernisse zeigen, die weder besprochen noch überdacht waren und die nun die ganze Analyse in Frage stellen. Das sind immer Anzeichen dafür, daß die Vorbereitung zur Herstellung einer haltbaren analytischen Situation ungenügend und zu wenig ernsthaft erfolgt war. Es muß immer die Aussicht bestehen, daß der Analysand das »setting« annehmen und auch einhalten kann.

Das »setting«, die analytische Situation, hat also für jeden analytischen Prozeß eine große Bedeutung, weil es in erster Linie eine Absicherung für den Analytiker darstellt. Mir ist es unmöglich, den Äußerungen des Analysanden so weit zu folgen, daß ich wirklich verstehe, was in ihm vorgeht, wenn ich außerhalb des analytischen Rahmens noch intensivere Kontakte mit ihm aufrechterhalte. Angenommen, ich gehe mit meinen Analysanden essen, besuche mit ihren Freunden das Theater, empfange Blumen, die das Kind bringt, das mit meinem Kind oder mit meinem Hund spielt, so sind das möglicherweise alles Vorkommnisse, die meine Analysanden ganz gut vertragen. Ich aber würde es nicht verkraften, ganz besonders dann nicht, wenn ich gar nicht bemerkte, daß ich dadurch beeinflußt werde.

Auf der anderen Seite muß ich mir auch vor Augen führen, was es bedeutet, wenn ich den Analysanden mit allzu großen Forderungen überlaste. Das könnte beinahe unbemerkt erfolgen, wenn ich beispielsweise vor der Analyse Tests machte oder machen ließe, etwa einen Rorschachtest, um einen besseren Überblick über die Schwere der Neurose zu gewinnen. Auch harmlosere Eingriffe, wie das Lesen von Tagebüchern des Analysanden aus früheren Jahren oder das Betrachten von Photographien aus der Kindheit und das Lesen von Briefen einer mißglückten Liebesgeschichte aus der Vergangenheit, bedeuten eine Überbeanspruchung des Analysanden, die er selbst vielleicht begrüßt und anbietet, die aber, in vielen Fällen, die analytische Situation gleich zu Beginn der Analyse in eine Konfusion führt.

Die analytische Situation ist das Resultat einer durchaus bewußten Abmachung zwischen zwei Menschen, die sich nicht oder kaum kennen, in einer künstlichen, konstruierten Weise eine intensive Beziehung herzustellen. Künstlich deshalb, weil sie absichtlich eingeleitet wird. Sie unterscheidet sich daher sehr wesentlich von einer Begegnung mit jemandem, von dem ich unmittelbar fasziniert bin und den ich gerne wieder sehen möchte. Sie unterscheidet sich aber auch von einer zufälligen Beziehung, die ich aus irgendeinem Grunde nicht unterbrechen kann, obschon ich es wünschte, weil mein Partner mir ziemlich gleichgültig ist. Eine solche Beziehung könnte sich zum Beispiel auf einem

Schiff einstellen, wenn ich während einer längeren Fahrt die Kabine mit jemandem teilen müßte, zu dem ich keinen Zugang fände. Die analytische Beziehung ist ganz anderer Art. Nicht Faszination noch Gleichgültigkeit, sondern mein psychoanalytisches Interesse bestimmt mich, die Beziehung zu meinem zukünftigen Analysanden herzustellen. Jede Beziehung, die von einem umschriebenen Interesse motiviert ist, hat etwas Künstliches und Konstruiertes an sich. Nur unterscheidet sich die psychoanalytische Beziehung von anderen Interessenbeziehungen dadurch, daß die Motive des Analytikers nicht mit Vorteilen in Verbindung stehen, die er sich persönlich aus dieser Beziehung erwartet. Damit ist auch gesagt, daß die Beziehung bereits in ein unanalytisches Fahrwasser gerät, wenn zum Beispiel finanzielle Erwägungen in dem Sinne eine Rolle spielen, daß der Analytiker einen Analysanden braucht, um seinen Lebensunterhalt zu verdienen. Ähnliche Störungen der Beziehung stellen sich auch ein, wenn der Analytiker mit bestimmten Vorsätzen an seinen Analysanden herangeht. Das könnte der Fall sein, wenn er einen Homosexuellen »heilen« möchte oder wenn er einer jungen Frau, die ihm arbeitsscheu erscheint und die sich der Prostitution zugeneigt zeigt, »auf den richtigen Weg« verhelfen möchte. Wenn sich der Analytiker aber so einstellt, daß ihn weder persönliche Vorteile noch moralische oder andere Absichten einschränken, verliert die sich entwickelnde analytische Beziehung bald ihren Beigeschmack des Künstlichen, Konstruierten. Die Konstruktion, die mit der analytischen Beziehung gemeint ist, beschränkt sich also auf das »setting«, das heißt den Rahmen des äußeren Ablaufs und der äußeren Bedingungen der einzelnen Sitzungen.

Viele Analysanden empfinden über längere Zeit die analytische Situation tatsächlich als etwas Künstliches. Sie sprechen sich darüber aus. Die kritischen Einwände, die sie vorbringen, lassen auch leicht die damit verbundenen Enttäuschungsreaktionen erkennen. Sie sagen etwa, der Analytiker sei an seinem Analysanden nur deshalb interessiert, weil er Patient sei oder weil er die Stunden bezahle. Im Grunde bestehe kein echtes menschliches Gefühl von Anteilnahme, denn der Analytiker denke nicht mehr an seinen Analysanden, sobald die Analysenstunde vorüber sei.

In derartigen Situationen sollte sich der Analytiker darüber im klaren sein, daß sein Analysand bis zu einem gewissen Grade recht hat, daß aber dieses Verhältnis auch eine der Voraussetzungen darstellt, die zur analytischen Situation gehören. Es ist wenig sinnvoll, das zu bedauern oder es abschwächend zu verwischen oder ein stilles Einverständnis zu bekunden, daß es leider so sei, Pech für den Mitmenschen, der sich im Laufe seines Lebens bekanntlich im Sinne des Realitätsprinzips an solche schmerzlichen Erfahrungen gewöhnen müsse. Der Analytiker nimmt auch hier gerne den »Leidensdruck« zu Hilfe, der angeblich mit zu den Voraussetzungen gehört, um eine Analyse erfolgreich eingehen zu können. Auch die so oft mißverstandene Forderung, die Analyse habe in der Versagung zu erfolgen, stellt eine Hilfsvorstellung zur Verfügung, um sich von dem abzuwenden, was man eigentlich verstehen sollte.

Es ist nicht gut, wenn der Analytiker am Ende seines Arbeitstages den ganzen Abend dazu verwendet, um den Analyse-Sitzungen nachzugrübeln und sich zu bemühen, dadurch mehr zu verstehen, daß er in der Literatur nach Auskünften sucht, die ihm weiterhelfen. Es ist auch nicht gut, wenn ihn eine besonders schwierige Situation mit einem Analysanden so intensiv beschäftigt, daß er Kollegen aufsucht, um den Fall ausführlich zu diskutieren. Anders verhält es sich bei der Supervision eines noch relativ unerfahrenen Analytikers durch einen Kontrollanalytiker. In einem solchen Fall berichtet der in Ausbildung stehende Analytiker dem Kontrollanalytiker regelmäßig über den Verlauf der Analyse ganz unabhängig davon, ob er in besondere Schwierigkeiten kommt oder nicht. Geht man aber zu einer solchen Besprechung nur dann, wenn man nicht mehr weiterkommt, ist es für die Analyse, die man führt, in den meisten Fällen nicht gerade zuträglich, obschon man Vorteile anerkennen muß, wenn etwa ein Analytiker, der in einer gestörten Beziehung zu seinem Partner steht, durch diese »Fremdgänge« wieder in einen Zustand kommt, der weniger konfliktvoll ist.

Das Wichtigste in solchen inneren Spannungen ist, daß der Analytiker in sich selbst Möglichkeiten entdeckt, zu verstehen, weshalb ihn alle Analysanden oder eine ganz bestimmte Konstellation in einer Analyse derart in Anspruch nehmen und seine Konfliktneigungen gerade in dieser Richtung reaktivieren.

Umgekehrt ist der Umstand, daß der Analysand immer wieder darauf hinweist, wie sehr ihn die Analyse, auch außerhalb der Sitzungen, beschäftigt, nicht unbedingt ein Beweis seiner Mitarbeit und seiner Bereitschaft, etwas an sich zu erkennen oder zu verändern. Auch die Analysanden haben die Neigung, in Büchern nachzuforschen, was sich in ihrem Seelenleben abspielt, und mit Freunden die analytischen Stunden zu besprechen, um zum Beispiel abzuklären, ob eine Deutung richtig gewesen sei oder nicht. Es kommt auch vor, daß ein Analysand in einer solchen Drucksituation einen zweiten Analytiker aufsucht, gar regelmäßig besucht, um eine Bestätigung oder eine Kritik des Vorgehens seines eigenen Analytikers zu hören.

Solche Vorkommnisse dürfen wir nicht einfach auf das Konto der Neurose unserer Analysanden schreiben. Sie sind häufiger das Resultat einer unbewußten Bereitschaft, auf die Konfliktneigungen zu reagieren, die keineswegs nur beim Analysanden, sondern in nicht geringerem Maße auch beim Analytiker bestehen. Unsere eigene Konfliktneigung müssen wir deshalb immer miteinbeziehen, wenn wir als Analytiker hinter unserem Partner sitzen. Dann erst werden wir auch verstehen, welche Vorteile wir haben, wenn wir das analytische »setting« ernst nehmen, Vorteile, die es uns erleichtern oder überhaupt erst ermöglichen, Disharmonien, wie in der modernen Musik, so aneinanderzureihen, daß sie in der Übertragung, die sich entwickelt, harmonisch klingen. Darin gründet wesentlich die Aktualisierung des Übertragungskonflikts.

4. Die Aktualisierung des Übertragungskonflikts

Die emotionale Bewegung, die den analytischen Prozeß charakterisiert, führt zu einer Neuformulierung der neurotischen Konflikte in der Übertragungsentwicklung. Anders ausgedrückt, die neurotischen Fixierungen, unter denen der Analysand leidet, werden in der Aktualisierung eines allmählich sich entwickelnden Übertragungskonfliktes reaktiviert.

Ich erinnere mich an ein technisches Seminar, in welchem die Analyse einer jungen Frau dargestellt und diskutiert wurde, die kurz nach Beginn der Behandlung eine Reihe von Reaktionen und Haltungen zeigte, die von beinahe allen Seminarteilnehmern als eine Enttäuschung über die Person des Analytikers aufgefaßt wurden. Ich war anderer Ansicht und glaubte zu verstehen, daß das Hauptproblem dieser Analyse zunächst darin bestand, daß sich ein Übertragungskonflikt nicht entwickelt hatte und daß sich gerade deshalb die Enttäuschungsreaktionen der Patientin in der Übertragung nicht aktualisieren konnte. Die junge Frau hatte in den ersten Stunden sehr angeregt ihre ganze Lebensgeschichte berichtet und ihre schwierige Situation, die sie schließlich in Analyse führte, dargestellt. Von da an schwieg sie häufig und war kaum mehr zu einer sinnvollen Mitarbeit zu bewegen.

Sie war seit einigen Jahren mit einem jungen Mann verheiratet, der sie liebte, doch seine Liebe erlosch – wie ihr schien – allmählich, weil sie sich nicht fähig fühlte, diese Liebe zu erwidern. Der Ehemann war anderer Meinung. Er behauptete, seine Liebe sei so wie am ersten Tag. Die Patientin konnte es nicht glauben und trennte sich von ihm. Sie zog zu einem Jugendfreund, mit welchem sie sich in eine intensive Liebesbeziehung einließ. Nach einiger Zeit hatte sie wiederum den Eindruck, daß dieser Jugendfreund sie nicht mehr liebte. Sie fühlte sich erneut von ihrem Ehemann angezogen und besuchte ihn häufig. Der Ehemann wollte sie überreden, zu ihm zurückzukehren. Die Frau war ratlos und suchte einen Psychologen auf, von dem sie aber den Eindruck hatte, er verstünde sie nicht und könnte ihr deshalb auch keinen Rat geben. Sie sei überhaupt von allen Menschen enttäuscht und habe eingesehen, daß sie sich selbst helfen müsse. Das habe sie dann auch getan und beschlossen, ihren Mann nicht mehr zu besuchen und bei ihrem Jugendfreund zu bleiben. Bald danach stellten sich schwere Konflikte ein. Mit dem Beginn der Analyse fühlte sie sich besser, weil die Konflikte mit ihrem Freund nachließen. Es schien offensichtlich, daß die Enttäuschungen, die die Frau mit ihrem Mann und ihrem Freund erlebte, sich bereits nach einigen Analysestunden auf die Person des Analytikers übertragen hatten.

Der Analytiker deutete dieses Verhältnis und verknüpfte es mit Erlebnissen aus ihrer Lebensgeschichte, um ihr zu zeigen, daß sie bereits in ihrer Kindheit daran gezweifelt hatte, daß die Zuwendung ihres Vaters echt gewesen sei und ihr gegolten habe. Die Patientin nahm die Deutung an. Es war ihr bewußt, daß sie der Liebe des Vaters mißtraute. Ihre Zweifel waren realistisch. Es bestand kein Grund, diese Zweifel als neurotische Reaktionen oder Ausdruck von Phantasien aufzufassen. Die Analysandin äußerte Bedenken am Sinn der Analyse. Sie sagte, sie sei gewiß ein langweiliger Fall für ihren Analytiker, doch wolle sie sich Mühe geben, zu verstehen, was er meine. Sie schwieg lange, und wenn sie etwas erzählte, lächelte sie am Ende ihrer Ausführungen in Erwartung dessen, was nun ihr Analytiker sagen werde. Im Verlauf von über fünfzig Analysestunden hatte sich an diesem Bilde nichts verändert, obschon der Analytiker die Abwehr, die er bei seiner Analysandin feststellte, nach allen Richtungen, die sich anboten, zu deuten versuchte. Die Identifikation mit der kühlen, strengen, eher asketischen Mutter, die die Analysandin verachtete, die Eifersucht auf die erfolgreichen älteren Brüder, die protektive Zuwendung zum jüngeren, kränklichen Bruder, der offene Penisneid, von dem die Patientin sprach, ihre phallischen Züge, ihr Hohn und Spott für die Männer, die sie liebten, und der Sinn ihrer Frigidität wurden gedeutet und mit ihrer Abwehrhaltung in der analytischen Beziehung in Zusammenhang gestellt. Immer wieder wies der Analytiker auf die schwere Enttäuschungsreaktion hin, die die Analysandin bei ihm erlebte, und versuchte zu verstehen, womit diese Enttäuschung im einzelnen zusammenhängen könnte. Die Patientin gab gewöhnlich an, daß die Ansichten des Arztes zuträfen. Sie sagte, nichts beeindrucke sie mehr, weil sie ja dauernd von allen Menschen enttäuscht werde.

Bei der Darstellung dieses Falles schien mir, daß die Enttäuschungsreaktion sehr früh und ganz plötzlich in Erscheinung getreten war, ohne daß ich auffällige Fehlhaltungen oder inadäquate Deutungen des Analytikers hätte feststellen können. Deshalb war ich mit dem allgemeinen Eindruck der Seminarteilnehmer, es handle sich um eine Enttäuschungsreaktion, die die Frau bei ihrem Analytiker erlebe, nicht einverstanden.

Ich versuchte zu zeigen, daß es sich in diesem Falle mit großer Wahrscheinlichkeit nicht um eine Enttäuschungsreaktion handle und daß es gerade darauf ankomme zu verstehen, wie wichtig es sei, daß eine Enttäuschungsreaktion im Übertragungskonflikt wirklich aktualisiert und erlebbar werde.
Die Patientin hatte meiner Ansicht nach eine Exhibitionshemmung. Sie konnte nicht zeigen, daß sie gar nicht enttäuscht war. Sie war höchstens über sich selbst enttäuscht, darüber nämlich, daß sie nicht zeigen konnte, was sie in der Beziehung zum Analytiker wirklich fühlte. Das hatte zu einer Herabsetzung ihres Selbstwertgefühles geführt. Sie suchte einen Ausgleich, indem sie so über sich selbst sprach, wie ein Psychiater über einen seiner Patienten spricht. Die Frau litt eigentlich an einer Enttäuschungs-Stereotypie, die sie in ihren Gefühlen einschränkte und ihre Beziehungen zu anderen zerstörte. Die Enttäuschungsreaktion, die die Analysandin zeigte, war also zweifellos nicht Ausdruck einer Übertragungsentwicklung, die zur Reaktivierung einer Konfliktneigung geführt hatte, sondern eine Fixierung, die den analytischen Prozeß blockierte.

Es ist wichtig, festzuhalten, daß unsere Analysanden das spüren. Sie fühlen, daß irgend etwas in der Analyse nicht stimmt, auch wenn sie nicht sagen können, worum es sich handelt. Alle unsere Analysanden stehen in einer unausgesprochenen Erwartung, daß die Beziehung zwischen ihnen und ihrem Analytiker in Gang kommt und daß sich dadurch etwas Unerwartetes, etwas Besonderes in ihrem Erleben ereignet. Die spürbaren gegenseitigen affektiven Besetzungen und die emotionalen Bewegungen, die diese Besetzungen begleiten, führen dazu, daß Analytiker und Analysand den Eindruck haben, ihre Beziehung stimme oder stimme eben nicht, die Analyse komme in Gang oder bewege sich dauernd im Kreis, der sie einengt und das Wesentliche blockiert. Dabei kommt es zunächst nicht darauf an, genauer zu wissen, was das Gefühl bedeutet, daß die Beziehung stimme, oder was das Wesentliche ist, das in einer Einengung blockiert wird. Das Merkwürdige an diesen Verhältnissen ist, daß nicht etwa Übereinstimmung und friedliches Beisammensein das Gefühl begleiten, die analytische Beziehung stimme, sondern die Erwartung, daß eine Konfliktualisierung in der Übertragungsentwicklung in Erscheinung tritt. Diese Konfliktualisierung reaktiviert die Fixierungen, die mit den Symptomen und den seelischen Störungen des Analysanden in einem kausalen Zusammenhang stehen, aber auch mit den Widerständen, die sich in der Übertragung ausbilden.

Die emotionale Bewegung ist immer das Primäre. Von ihr geht die Übertragungsentwicklung aus. Alles, was im Analysanden vorgeht, seine Reaktionen, Gefühle, Haltungen, Widerstände und Abwehrmanifestationen können grundsätzlich in der Analyse nur dann sinnvoll gedeutet und durchgearbeitet werden, wenn sie in ihrer Übertragungsbedeutung verstanden werden.

Übertragungsentwicklung und Widerstandsanalyse stehen infolgedessen in einer ganz spezifischen Beziehung zueinander, die man im analytischen Prozeß stets berücksichtigen muß und die weder eine Ausweitung noch eine Umdrehung zuläßt. Man könnte von einer Ausweitung sprechen, wenn zum Beispiel angenommen wird, die Übertragung habe sich bei einem bestimmten Analysanden unter dem Leidensdruck entwickelt oder die Übertragung sei trotz heftiger Widerstände in Gang gekommen. Von einer Umdrehung müßte man dann sprechen, wenn angenommen wird, eine Übertragungsentwicklung sei wegen allzu großer Widerstände während längerer Zeit nicht möglich gewesen oder ganz bestimmte Abwehrreaktionen, wie hartnäckiges Festhalten an intellektuell gefärbten Einwänden, hätten die Übertragungsentwicklung einseitig beeinflußt.

Ich will wiederholen, daß sich die Übertragung entlang den Linien der emotionalen Bewegung entwickelt, die sich in der Beziehung zwischen Analysand und Analytiker ergibt. Der Leidensdruck kann eine solche Bewegung höchstens verzerren, niemals aber bedingen. Man hat auch zwischen Widerständen und Hindernissen zu unterscheiden, denn die Entwicklung einer Übertragung stößt höchstens auf Hindernisse. Widerstände sind stets die Folge einer bereits entstandenen Übertragung. Natürlich könnte man auch eine andere Terminologie einführen und das, was die Psychoanalyse unter einem Widerstand versteht, anders interpretieren. Die psychoanalytische Technik ist aber darauf angewiesen, den Begriff des Widerstands von anderen Begriffen klar abzugrenzen. Gerade deshalb ist es unsinnig, von Widerständen zu sprechen, die eine Übertragungsentwicklung unmöglich machen. Widerstände sind grundsätzlich Folgeerscheinungen einer Übertragungsentwicklung. Auch wird eine Übertragung niemals durch Abwehrvorgänge irgendwie einseitig oder unvollständig beeinflußt. Das, was da einseitig oder unvollständig erscheint, ist nichts anderes als Ausdruck der Übertragung selbst, die sich so weit entwickelt hat, daß zum Beispiel spezifische Abwehrformen in Erscheinung treten.

Bevor man von Widerständen im analytischen Prozeß sprechen kann, sollte man sich stets ein Bild von der Übertragungsentwicklung gemacht haben. Die Übertragung läßt sich an der Aktualisierung spezifischer Konfliktneigungen in der Beziehung des Analysanden zum Analytiker ablesen. Die Aktualisierung des Übertragungskonfliktes schließt die Erlebnisweise des Analysanden und des Analytikers ein. Der Erlebnisbereich, in welchem sich die Konfliktualisierung zeigt, ist der Bereich der analytischen Situation. Dieser Bereich ist für beide Partner neuartig und mit anderen Erlebnisbereichen nicht vergleichbar. Für den Analysanden füllt er sich auch mit neuen Inhalten, neuen Forderungen und neuen Einschränkungen dieser Forderungen, wobei die Reaktivierung der Konfliktneigungen, die aus früher Kindheit stammen, unter dem Einfluß all dieser neuen Erfahrungen erfolgt. Dieser Einfluß wirkt sich beim Analysanden so aus, daß er eine Einsicht entwickelt, die es ihm ermöglicht, einen Kontrast zwischen Phantasie und Wirklichkeit zu erleben. Die Phantasien hängen mit den Vorstellungsinhalten zusammen, die mit der Person des Analytikers verbunden sind, während die Wirklichkeit in dem zum Ausdruck kommt, was die reale Beziehung zu diesem Analytiker eigentlich ausmacht.

Vor vielen Jahren hatte ich einen jungen Mann in Analyse, der ganz normal mit mir sprach. In einer bestimmten Phase der Analyse begann er zunächst fast unmerklich, dann in immer auffälligerer Weise, lauter zu reden, bis er seine Aussagen beinahe herausbrüllte. Ich fragte ihn, weshalb er so laut spreche. Darauf antwortete er: »Sie sind doch schwerhörig.«

Ich sagte: »Seit wann glauben Sie, ich sei schwerhörig?«

Er antwortete: »Sie waren immer schwerhörig. Ich habe stets so laut gesprochen, damit Sie mich verstehen.«

Im weiteren Gespräch über diese Phantasie teilte der Analysand mit, daß sein Vater seit der frühen Kindheit des Patienten schwerhörig gewesen sei.

Eine solche Mitteilung eines Analysanden läßt keineswegs den Schluß zu, man sei als Analytiker in der Übertragung nun zum Vater geworden. Eine derartige Annahme würde die viel wichtigere Einsicht verschleiern, daß in unsere entspannte und dekonfliktualisierte reale Beziehung in der analytischen Situation etwas Neues, Fremdartiges eingedrungen war, was in gar keiner Weise zu uns paßte; ich meine, es paßte weder zu meinem jugendlichen Patienten noch zu mir selbst. Das befremdende Gefühl, das mein Analysand empfand, als er realisierte, daß ich durchaus nicht schwerhörig war, hätte niemals den Eindruck des Absurden in seinem ganzen Gehalt widergespiegelt, wenn zum Beispiel die Deutung, er habe mich seit Beginn der Analyse als einen Repräsentanten seines eigenen Vaters erlebt, als rationalisierende Überbrückung angeboten worden wäre. Das Erstaunen und Befremden, das der Analysand spürte, erwiesen sich als eine erste, entscheidende Erfahrung, daß nämlich etwas aus seiner psychischen Vergangenheit als Fremdkörper in unsere Beziehung eingeflossen war. Diese Einsicht hatte zur Folge, daß sich der analytische Prozeß vertiefte. Der Analysand hatte etwas Entscheidendes von dem verstanden, was in ihm vorging. Der analytische Prozeß hatte in ihm etwas erschüttert, hatte ihn emotional bewegt. Er hatte von seinem Unbewußten Kenntnis genommen, ohne es zunächst zu verstehen. Die Beziehung, die damals Züge einer gewissen Distanziertheit aufwies und durch eine Tendenz zu Rationalisierungen charakterisiert war, veränderte sich nach dieser Analysenstunde in ganz auffälliger Weise. Während er bisher zu Beginn fast aller Analysensitzungen an der Tür meines Zimmers stehen geblieben war, um mich als ersten ins Zimmer eintreten zu lassen, ging er von nun an ohne Hemmungen voraus und ließ mich die Tür schließen. Erst jetzt fiel uns auch auf, daß die häufigen Fragen, die er mir in den bisherigen Stunden gestellt hatte und die stets darauf ausgerichtet waren, sich zu vergewissern, ob ich auch verstanden hätte, was er meinte, auf Befürchtungen zurückgingen, ich könnte ihn akustisch nicht richtig verstanden haben, während ich vermutet hatte, er glaubte, ich hätte wenig Verständnis für das gezeigt, woran ihm gelegen war.

Das Erlebnis, daß sich etwas aus der Ferne seiner Kindheit mit einer beinahe wahnhaften Gewißheit in der Beziehung zu mir gezeigt hatte, was so gar nicht mit der Wirklichkeit dieser Beziehung übereinstimmte, hatte zu einer Entspannung in der Übertragung geführt. Die Distanziertheit und die höfliche Zurückhaltung verschwanden. Daraufhin verhielt der Analysand sich aber nicht etwa unauffällig, sondern zeigte überschießende Reaktionen. Er rannte beinahe durch den Korridor zum Analysenzimmer und lag bereits auf dem Diwan, wenn ich das Zimmer betrat, während er sich früher immer erst dann hinlegte, wenn ich bereits hinter ihm Platz genommen hatte. Seine Haltungen erschienen gleichsam umgekehrt. Es war, als hätte sich ein neuer Fremdkörper in unsere Beziehung eingeschaltet. Dieser neue Fremdkörper durfte nicht gedeutet werden, bevor sich eine Situation herausgebildet hatte, in welcher diese Züge im Erleben und Verhalten des Analysanden als etwas Fremdartiges bewußt werden konnten. Dabei müßten sich andere Eindrücke und Erinnerungen aus seiner Vergangenheit anbieten als die des schwerhörigen Vaters, damit ein Kontrasterlebnis zur analytischen Beziehung aktualisiert würde.

Ich muß an dieser Stelle hinzufügen, daß ich nicht die Meinung vertrete, man dürfe nicht vom Vater sprechen, weil die Gefahr einer Rationalisierung bestehe. Ganz im Gegenteil möchte ich unterstreichen, wie wichtig es war, dem Analysanden nach seiner Einsicht in die Übertragungsdynamik auch die Übertragungsinhalte zu deuten. Dabei lag der Schwerpunkt weniger auf der Deutung, der Analysand habe mich als Vaterfigur erlebt, als vielmehr darauf, welchen unbewußten Wünschen er zu folgen versuchte, wenn er in mir eine Gestalt zu finden hoffte, die der seines Vaters wenigstens in einem Zuge, der Schwerhörigkeit nämlich, entspräche.

Die Deutung, man repräsentiere in der Projektion des Analysanden den Vater, ist im Grunde überhaupt keine Deutung, weil eine solche Feststellung starr und undynamisch ist. Ein Deutungsschritt erfordert relative Vollständigkeit, die nur dann gegeben ist, wenn die Bedürfnisspannung, die solcher Projektion zugrunde liegt, bewußt gemacht wird.

Im Falle meines Analysanden zielten die unbewußten Wünsche in zwei Richtungen, die die Richtungen des allmählich aktualisierten Übertragungskonfliktes waren: Der eine Wunsch entsprach der Tendenz, passiven Strebungen, die ein negativ-ödipales Triebschicksal nach sich gezogen hatte, auch in der analytischen Beziehung zu folgen, weil Ängste den Analysanden daran hinderten, sich mit mir in eine phallisch-narzißtische, rivalisierende Auseinandersetzung einzulassen. Der andere Wunsch ging dahin, die störenden und einschränkenden Auswirkungen einer übermächtigen Autoritätsperson dadurch zu beseitigen oder zu verleugnen, daß ein körperliches Gebrechen – die Schwerhörigkeit – herangezogen wurde, um die Impotenz eines bedrohlich erscheinenden Partners zu belegen.

Dieses Beispiel sollte zeigen, wie wichtig die richtige Abfolge ist: Zuerst kommt stets die Wahrnehmung der emotionalen Bewegung. Danach erst wird durch einen umfassenden Deutungsschritt eine Einsicht sinnvoll ermöglicht.

Die Beobachtung und Verfolgung dieser Erscheinungen führen schließlich zu dem, was ich als den Summationseffekt bezeichne, der sich einerseits aus vielen derartigen Beobachtungen und andererseits aus der Erinnerung an das, was uns der Analysand bereits früher berichtet hat, ergibt und Deutungsschritte ermöglicht, die, unter Zuhilfenahme bestimmter Konzepte, den analytischen Prozeß weiterführen und vertiefen.

Ein solcher Summationseffekt wird sich beim Analytiker aber nur dann einstellen, wenn er ihm in seinen Assoziationen besondere Aufmerksamkeit schenkt und dabei nicht seine eigenen Schwierigkeiten in den Vordergrund rückt. Es ist zum Beispiel nicht gut, wenn er bei der analytischen Arbeit dauernd damit beschäftigt ist, sich vor Augen zu führen, er wisse zu wenig, habe nicht genügend Erfahrung und benötige die Hilfe von anderen Analytikern, die bessere Voraussetzungen für diese schwierige Aufgabe mitbrächten, als er sie sich selber zusprechen möchte. Solche Selbstreflexionen stören die Bereitschaft, bestimmte Hilfsmittel aus der Theorie der Technik heranzuziehen, die es einem ermöglichen, sich selbst wieder zu entspannen, wenn sich eine Situation entwickelt hat, in der man den Überblick verloren zu haben glaubt.

Wenn ich mich auf einen möglicherweise auftretenden Summationseffekt einstelle, kommt es also vor allem darauf an, daß ich den Mitteilungen, Einfällen und Erzählungen des Analysanden immer größere Bedeutung zuschreibe als meinen eigenen Schwierigkeiten. Als Analytiker reflektiere ich natürlich dauernd beide Themenkreise. Es ist aber, wie gesagt, nicht gut, wenn sich in meinen Gedankengängen ein Summationseffekt aufzudrängen beginnt, der meine eigenen Probleme so in den Vordergrund rückt, daß ich mich beispielsweise entschließe, dem Analysanden Deutungen zu geben, die die Gegenübertragung betreffen. Deutungen, die die Gegenübertragung betreffen, können zwar in ganz seltenen Fällen wünschenswert und richtig sein, doch ist es besser zu sagen, sie seien meistens falsch.

Aber bin ich denn als Analytiker wirklich dauernd hin- und hergerissen? Bin ich den Summationseffekten, die sich in meinen Gedankengängen aufdrängen, etwa so ausgeliefert wie der Segler in seinem Boot dem Wind? Mit anderen Worten: Gibt es im analytischen Verlauf stumme und stürmische Phasen, vergleichbar der einschläfernden Windstille und der höchsten Bereitschaft bei stürmischer See? Ich glaube nicht, daß man der psychoanalytischen Situation mit einer solchen Einschätzung gerecht wird. Was ich als Summationseffekt bezeichne, läßt sich nicht losgelöst von anderen Faktoren, zum Beispiel der Sukzession im Assoziationsverlauf, betrachten. Der innere Zusammenhang, der da besteht, ist theoretisch allerdings schwer zu beschreiben. Ich will ihn lieber an einem praktischen Beispiel verfolgen. Die Psychoanalyse ist für mich nur dann sinnvoll, wenn sich ihre Konzepte am lebenden Beispiel der Beziehung, die sich zwischen Analytiker und Analysand entwickelt, verifizieren lassen.

Ich will eine Episode aus einer Analyse herbeiziehen, die noch nicht weit fortgeschritten war, in welcher aber bereits wesentliche Teile der Konfliktneigungen des Analysanden aufgedeckt werden konnten. Im Vordergrund standen Konflikte, die sich aus der Einstellung des 28jährigen Patienten zu seinen Familienangehörigen ergaben. Er verhielt sich so, als müßte er in seiner Familie dauernd dafür sorgen, daß sich seine Angehörigen untereinander einigermaßen verstünden, um größte Konflikte zu vermeiden. Er war eine Art Schutzengel für den Vater, für die Mutter, für Bruder und Schwester. Regelmäßige Besuche zu Hause und häufige telephonische Kontakte nahmen ihn so in Anspruch, daß er in den Beziehungen zu seinen eigenen Freunden und Bekannten immer gespannt und hastig reagierte. Diese Schwierigkeiten waren nicht die Ursache, weshalb er sich in Analyse begeben wollte. Das eigentliche Motiv lag in Störungen des Selbstgefühls, die ihn sehr quälten, doch zeigte er auch zwanghafte Einengungen mit zahlreichen Reaktionsbildungen. Er war außerordentlich tüchtig im Beruf und bekleidete als Kaufmann eine selbständige verantwortungsvolle Position.
Nachdem es ihm möglich geworden war einzusehen, daß seine beschützende Haltung seinen Familienangehörigen gegenüber mehr einem schwer kontrollierbaren inneren Zwang folgte als realen Erfordernissen, die sich aus der Lebenssituation seiner Familie hätten ableiten lassen, änderte sich zunächst nichts an seiner ruhigen, gemessenen Einstellung zum Analytiker und zu der Aufgabe, die er sich in seiner Analyse stellte. Er wirkte entspannt und sprach über Erlebnisse, die ihn persönlich, und nicht seine Beziehung zu seinen Angehörigen, betrafen.
In der folgenden Stunde berichtete er, daß sich etwas sehr Auffälliges ereignet habe: Er fühlte sich bei seiner Arbeit enorm gestört, bevor er zur Analysensitzung kam. Er hatte sich die Zeit seiner Sitzungen so gewählt, daß seine Arbeit dadurch möglichst wenig beeinträchtigt wurde. Immerhin mußte er seinen Arbeitsplatz jeweils vorzeitig verlassen, doch hatte ihm dieser Umstand keinerlei Schwierigkeiten bereitet, weil er so selbständig war, daß er sich seine Arbeit einteilen konnte, wie er wollte. Die heftigen Gefühle, die seine jetzige Arbeitsstörung begleiteten, erzeugten in ihm eine Wut, die sich auf die bevorstehende Analysen-

stunde bezog. Auffällig war, daß der Patient während der Stunde ohne besondere Spannung oder Wut, sondern offen und ruhig darüber sprechen konnte.

Man sollte als Analytiker keineswegs so anspruchsvoll sein, die unbewußten Hintergründe solcher Verhältnisse unmittelbar verstehen zu wollen. Man sollte vielmehr dafür sorgen, daß die gute Beziehung des Analysanden zum Analytiker aufrechterhalten bleibt. Berichtet mir der Analysand diese Erlebnisse, ohne eine Spannung oder Störung in die Beziehung hineinzutragen, muß ich meinerseits dafür sorgen, daß während dieser Analysenstunde nicht durch Provokation eine Spannung entsteht. Wenn ich zum Beispiel den Patienten darauf aufmerksam machen würde, daß ich seine Gefühle gut verstehe, daß sie aber ein Zeichen dafür sind, daß nun etwas Neues in die Analyse gekommen ist, das sich für ihn sehr störend auswirkt, könnte es leicht vorkommen, daß der Patient mit einer Irritation reagiert oder verstummt, denn meine Aussagen würden überhaupt nichts Neues bringen und dem Analysanden bloß den provozierenden Eindruck vermitteln, ich stellte mich in opportunistischer Weise so auf ihn ein, daß er sich mit mir solidarisch fühlen könne.

Viel sinnvoller ist es in einer solchen Situation, das Befremden, das der Betroffene selbst empfindet, zu teilen, denn ich bin zunächst ja nicht in der Lage zu verstehen, weshalb ein sonst so leistungsfähiger junger Mann plötzlich in eine solche Spannung gerät, für die vorläufig kein ersichtlicher Grund vorliegt, auch wenn ich mit Sicherheit vermute, daß die analytische Situation damit in Zusammenhang steht. Ich darf meinen Analysanden nicht unterschätzen. Er vermutet dasselbe und könnte es ebensogut aussprechen wie ich. Wenn er es selbst ausspricht, ist das immer besser, als wenn ich voreilig dazu Stellung nehme.

In der folgenden Stunde ereignete sich etwas Eigenartiges und Überraschendes. Der Patient sagte: »Heute morgen war meine Arbeitsstörung noch viel stärker als vorgestern. Ich hätte einige Briefe diktieren sollen, doch war es mir ganz unmöglich, etwas zu tun. Ich dachte während des ganzen Morgens an die Analysenstunde und wartete darauf, endlich das Geschäft verlassen zu können.« Der Analysand berichtete dann, wie entspannt und fröhlich er war, als er auf dem Weg zu seiner Sitzung durch die Stadt spazierte. Darauf schwieg er und lag ruhig auf dem Diwan. Schließlich sagte er, es falle ihm nichts ein. Er verspüre ein Gefühl der Leere. Nach einigen Minuten wurde der Analysand unruhig. Ich hatte den Eindruck, er suche nach einem Thema, über das er sprechen könnte. Endlich berichtete er mühsam und stockend über die Ereignisse, die sich während des voraufgegangenen Abends abgespielt hatten. Er beschrieb Konflikte mit seinen Freunden, die bei ihm zu Gast waren. Viele seiner Bekannten fanden sich häufig in seiner Wohnung ein, um das Abendessen zuzubereiten und den Abend gemeinsam zu verbringen. Der Patient war gewohnt, die nötigen Lebensmittel einzukaufen, und freute sich immer, wenn er die Speisen zubereiten konnte. Er kochte gern. Das Nachtmahl schien sehr gelungen, denn alle waren fröhlich und zufrieden. Nach dem Essen trugen sie gemeinsam das Geschirr in die Küche. Die Freunde rieten, den netten Abend nicht durch Geschirrspülen und Aufräumen zu unterbrechen, sondern diese Arbeiten auf den folgenden Tag zu verschieben. Der Analysand war anderer Meinung. Er wollte Sauberkeit und Ordnung. Es kam zu leichten Spannungen. Der Analysand zog sich in die Küche zurück und besorgte das Spülen, Abtrocknen und Einräumen des Geschirres allein. Er war sehr verstimmt und empfand ein Gefühl, wehrlos der Rücksichtslosigkeit seiner Freunde ausgesetzt zu sein.

Ich will nun versuchen, die beiden wiedergegebenen Analysenstunden entsprechend den bisher abgeleiteten Konzepten der Theorie der Technik durchzuarbeiten. Einerseits folge ich den vom Analysanden vorgebrachten Assoziationen, andererseits achte ich auf das, was in mir vorgeht, wenn ich die Zusammenhänge zu verstehen suche. Die Fragen, die ich mir stelle, lauten: Wird bei mir ein Summationseffekt auftreten oder nicht? Und in welche Richtung bewegen sich die emotionalen Schwankungen, denen der Analysand unterworfen ist?
Für eine solche Betrachtung reicht meine Empathie nicht aus. Ich muß mich, um sie vornehmen zu können, analytisch einstellen, das heißt der Sukzession im Assoziationsverlauf folgen und zugleich dem möglichen Auftreten eines Summationseffekts in meinen eigenen Gedanken nachspüren. Damit wende ich ein Instrument der psychoanalytischen Technik an. Es verhilft mir zu folgenden Feststellungen:
Zuerst ist der Patient arbeitsunfähig und verknüpft diese Arbeitsstörung in seinem Bewußtsein mit dem, was er erwartet, das heißt mit der bevorstehenden Analysenstunde. Dank der guten, entspannten Beziehung, die er zu seinem Analytiker aufrechterhält, trägt er diese Erlebnisse ohne Affektverdrängung frei und offen vor, anstatt etwa seine Wut zu verschweigen. Ich greife nicht ein, sondern sorge dafür, daß die aufgetretenen Störungen nicht in die analytische Beziehung einbrechen

und eine spannungsgeladene Atmosphäre erzeugen. Das Erlebnis der Analysenstunde darf nicht noch einen Leidensdruck beim Analysanden entstehen lassen.

Es war offenbar geglückt, die Analysenstunde, um die es geht, konfliktfrei zu erhalten. Mit anderen Worten; es war gelungen, eine polar entgegengesetzte Besetzung in der Beziehung zwischen Analysand und Analytiker in gerade dieser Stunde zu vermeiden. Sie wurde vermieden, weil ich darauf verzichtet hatte, auf der offensichtlichen Rationalisierung zu insistieren, die der Analysand vertrat, als er glaubte, die Arbeitsstörung stehe tatsächlich in direkter, kausaler Verbindung mit seiner bevorstehenden Analysenstunde. Eine solche Annahme wäre bloß Ausdruck einer unanalytischen Tendenz, die Beziehung mit dem Störfaktor einer bewußtseinspsychologischen Verknüpfung zu durchsetzen. Aus all diesen Überlegungen ergibt sich ein erster Summationseffekt, der anzeigt, daß eine Konfusion in der Übertragungsentwicklung in dieser Stunde glücklich vermieden werden konnte. Mehr darüber auszusagen ist ebenso unnötig wie gefährlich. Man braucht sich keine weiteren Gedanken darüber zu machen. Man kann zuwarten, was die nächste Stunde bringt.

Die Arbeitsstörung ist vor der folgenden Stunde in ihrer Intensität eher verstärkt. Etwas Neues ist sichtbar. Der Analysand empfindet keine Wut mehr, sondern eine Sehnsucht nach der bevorstehenden Analysenstunde. Man kann folglich sagen, daß der Analysand mit einer Haltung in die folgende Stunde kommt, die den analytischen Prozeß ganz offensichtlich fördert und vertieft, weil sich die emotionale Bewegung in der Übertragung verstärkt hat. Wäre der Patient an diesem Morgen überhaupt nicht zur Arbeit erschienen und, statt an seinen Arbeitsplatz, zur Wohnung des Analytikers gegangen, in der dringenden Absicht, mit ihm zu sprechen, würde sein Verhalten ein emotionales Gefälle aufweisen, das den analytischen Prozeß nicht mehr fördert, sondern, infolge des Agierens, hemmt.

Der Analysand kommt jedenfalls mit einem größeren emotionalen Angebot in diese zweite Stunde als in die erste. Das größere emotionale Angebot bringt normalerweise auch ein größeres Angebot an Einfällen. Statt dessen fällt dem Analysanden nichts mehr ein. Er verspürt ein Gefühl der Leere. Diese Einfallslücke zeigt, daß der Analysand etwas nicht sagen kann, was ihm eingefallen ist, weil ihn bestimmte Gefühle, die er in der Beziehung zu seinem Analytiker empfindet, daran hindern. Es können peinliche oder schamvolle Gefühle sein, weil die Inhalte

seiner Vorstellungen zu intim oder zu feindselig oder anstößig oder sonst unpassend und nicht formulierbar erscheinen. Die Einfallslücke kann aber auch durch eine echte Verdrängung bestimmter Vorstellungsinhalte bedingt sein. Dann fällt dem Analysanden wirklich nichts ein.
Wie ist die Einfallslücke zu beurteilen, die mein Analysand in dieser Situation zeigte? Man kann sich fragen, ob es sich dabei um einen Übertragungswiderstand handelt, der mit den Gefühlen von Ablehnung und Wut zusammenhängt, die zwei Tage zuvor noch bewußtseinsfähig waren und jetzt der Verdrängung anheimfallen: Wäre dem Analysanden etwas eingefallen, wären es aggressive Vorstellungen gewesen, die sich gegen die Person des Analytikers gerichtet hätten. Wenn man dieser Annahme folgt, wäre es angezeigt, jetzt mit einer entsprechenden Deutung die verdrängten aggressiven Regungen bewußt zu machen. Für die Wahrscheinlichkeit einer solchen Annahme könnte man den Verschiebungsersatz herbeiziehen, der in den Gefühlen der Wut in Erscheinung getreten ist, als der Analysand berichtete, wie er sich der Rücksichtslosigkeit seiner Freunde wehrlos ausgesetzt gefühlt hatte. Man könnte daraus schließen, daß sich der Analysand in Wirklichkeit der Rücksichtslosigkeit des Analytikers wehrlos ausgesetzt fühlt.
Ich will die Frage, wie diese Einfallslücke zu beurteilen ist, in einer anderen Weise beantworten. Ich will gar nicht behaupten, daß es sich dabei nicht um einen Übertragungswiderstand handelt, und bin auch der Meinung, daß vieles von der soeben beschriebenen Annahme in irgendeiner Weise zutreffend ist. Für mich spielt aber in dieser spezifischen analytischen Situation die Tendenz des Analysanden, mit mir eine gute, entspannte, konfliktfreie Beziehung aufrechtzuerhalten, eine größere und wichtigere Rolle. Mit anderen Worten, diese Einstellung des Analysanden hat eine eindeutige Priorität, denn ich kann keinen Vorteil darin sehen, daß die ambivalenten Gefühle, die der Analysand in alle seine Beziehungen hineinträgt, sich nun auch in der analytischen Beziehung zu mir manifestieren. Es ist mir noch nie gelungen, durch eine Deutung eine solche ambivalente Einstellung in der Übertragung wirklich zu beheben. Ich bin auch davon überzeugt, daß der analytische Weg in eine andere Richtung geht. Die Erfahrung vieler Analytiker entspricht meiner eigenen Erfahrung, daß es nämlich möglich ist, dem Analysanden mit einer Deutung zu zeigen, weshalb er in allen anderen Beziehungen stets in ambivalente Gefühlseinstellungen gerät, ohne daß er diese Gefühlseinstellung in seiner Beziehung zum Analytiker reaktivieren muß. Ich bin auch der Ansicht, daß gerade die Erfahrung, die

der Analysand in seiner analytischen Beziehung macht, die Erfahrung nämlich, daß eine solche Ambivalenz in den Gefühlsregungen nicht zwangsläufig eintreten muß, überhaupt erst die Voraussetzungen dafür schafft, eine sinnvolle Deutung zu finden, auszusprechen und wirksam zu gestalten. Für mich liegt in der Einfallslücke meines Analysanden ein Übertragungswiderstand vor, der nicht mit verdrängten aggressiven, sondern mit verdrängten *positiven* Gefühlen zusammenhängt.

Jetzt geht es nicht darum, daß der Analysand, in seinen Gefühlen hin- und hergerissen, seine Ambivalenz auch in seiner Beziehung zum Analytiker so erlebt, wie er sie schon immer und überall empfunden hat. Jetzt kommt es darauf an, daß er eine neue Erfahrung macht. Eine neue Erfahrung unter allen Umständen. Alles, was da im Hintergrund lauert und was mit seiner Ambivalenz zu tun hat, will ich im Gedächtnis behalten und ernstnehmen, denn all das werde ich genau dann in eine Deutungsarbeit einbauen, wenn der Analysand in der Entwicklung seiner Übertragung die neue Erfahrung erlebt hat, daß er in seiner Beziehung zu mir die seelische Sauna seiner Ambivalenz nicht über sich ergehen lassen muß. Sagte nicht Freud bereits vor Jahrzehnten, die Neurose schmelze im Feuer der Übertragung ein?

Ich will zu dem zurückkehren, was mein Analysand vorbrachte. Er lag ruhig und entspannt da und verspürte eine Leere. Er hatte keine Einfälle. Ich stoße auf etwas, das er nicht sagen kann. Ich darf es mir nicht zu leicht machen und annehmen, er wolle einfach nichts sagen. Auch wenn es so wäre: er kann nicht.

Es setzt nun eine motorische Unruhe ein, die von einer Hemmung begleitet ist. Das sieht man deutlich, wenn er beginnt, von seinem Erlebnis am Vorabend zu berichten. Die Erzählung zielt darauf, zu zeigen, wie rücksichtslos er sich von seinen Freunden behandelt fühlt. Man erkennt sehr schnell, daß der Analysand damit auch das beschreibt, was er in seiner Familie erlebt. Obschon eine solche Feststellung, psychologisch gesehen, zweckmäßig und zutreffend zu sein scheint, führt sie kaum weiter. Was könnte gerade jetzt eine Deutung dieser Bezüge dem Analysanden bieten? Er würde wahrscheinlich einsehen, daß es stimmt. Solche Einsichten erzeugen beim Analysanden oft die berechtigte Frage an den Analytiker, was er tun könne, damit es anders werde.

Viel zweckmäßiger ist es, auch jetzt der Sukzession im Assoziationsverlauf zu folgen. Dann gelange ich nämlich zu der einfachen Feststellung, daß die Geschichte mit den Freunden und dem gemeinsam verbrachten Abend, an dem man ihn so rücksichtslos behandelte, den verdrängungsbedürftigen Gedanken enthält, der unmittelbar zuvor im Leeregefühl, das er empfunden hatte, untergegangen war. Man kann auch sagen, daß die Geschichte mit den Freunden der bewußtseinsfähige Ausdruck dessen ist, was er nicht aussprechen kann.

Was ist es also, das er nicht sagen kann? Ich frage umgekehrt: Was war es, das er mitteilen konnte? und antworte: Er *konnte* ausdrücken, daß sich seine Freunde rücksichtlos benommen haben, weil diese Empfindung bewußtseinsfähig war. Das ist es, was er weiß. Und das kann niemals auch gleichzeitig das Unbewußte sein, denn das Unbewußte ist dadurch charakterisiert, daß man es nicht kennt. Daraus ergibt sich, daß die Konfliktneigung, die sich in dieser ganz spezifischen Situation in der Übertragung aktualisiert, niemals das sein kann, was der Analysand bewußt ausdrückt. Das, was bewußtseinsfähig ist, ist nicht auch gleichzeitig Ausdruck von dem, was unbewußt den Übertragungskonflikt aktualisiert. Denn das wäre eine contradictio in adjecto.

Um an dieser Stelle folgerichtig weiterzukommen, wende ich eines der Konzepte der Theorie der Technik in einer kaum mehr sinnvollen, kaum mehr einfühlbaren Weise an. Ich versuche, die assoziierten Inhalte, in ihrer Reihenfolge, als kausal voneinander abhängige Niederschläge unbewußter Regungen im kognitiven Bereich des Denkens zu verstehen, und verzichte darauf, dem Analysanden Deutungen zu geben, die es ihm ermöglichen, alles mit allem zu vergleichen und, rationalisierend, einzusehen, daß er so reagiert, wie er es überall tut.

Solche vergleichenden Betrachtungen würden bei diesem Patienten nämlich leicht zu der Ansicht führen, daß er analoge Empfindungen den Eltern gegenüber gehabt habe, diese auf seine Freunde und wahrscheinlich auch auf die analytische Beziehung übertrage und daß das Ganze möglicherweise mit der Beziehung zu seinem Vater zusammenhänge. Er, der Analysand, habe ja bereits einmal erzählt, daß sein Vater sich zu Hause ganz ähnlich verhalte, wie die Freunde sich ihm gegenüber benehmen, denn der Vater bleibe gewöhnlich am Tisch sitzen und lasse seine Frau und die Kinder alle Arbeiten besorgen. Der Analytiker könnte dann fortfahren, daß das Benehmen des Vaters ihn schon als Kind sehr gestört habe, was auch verständlich sei, denn das hänge doch mit Rivalitätsgefühlen zusammen, die dem Vater galten und die er nie habe zeigen können. Der Vater sei ihm immer als der Stärkere erschienen. Gestern abend habe sich die Gruppe seiner Freunde überlegen erwiesen, und sehr ähnlich erlebe er auch den Analytiker.

Sieht der Analysand das alles ein, was gar nicht so selten vorkommt, entsteht leicht eine Situation, die ich als eine Art Verbrüderung zwischen Analytiker und Analysand bezeichnen möchte. Unsere Analysanden sind nur zu bereit, sich in die Arme eines solchen Deutungsschemas zu werfen. Sie bemühen sich dann, es zu erhärten, indem sie noch einige zusätzliche Beispiele aus ihrer Kindheitsgeschichte berichten, die als große Bestätigung ins Gewicht fallen und den Analytiker in der Annahme bestärken, er sei auf dem richtigen Weg. Der Analysand verhält sich im Grunde so, als wünsche er nichts anderes, als dem analytischen Prozeß mit Hilfe der Waffen, die er aus dem Arsenal der Vergangenheit hervorzieht, zu entgehen und sich der Übertragungsentwicklung zu widersetzen, wo er kann.

Es bleibt ein unbefriedigendes Gefühl zurück. Ich schließe dieses Kapitel ab, ohne aufzuzeigen, was die konsequente Anwendung des Sukzessions-Konzeptes zur Aufhellung dessen, was der Analysand erzählt, beigetragen hat. Alles bleibt zunächst in der Schwebe. Das hat seine tieferen Gründe. Ich muß um Nachsicht bitten, wenn ich sie hier nicht darlegen kann. Der analytische Prozeß verläuft nämlich nie linear. Die konsequente Anwendung des empfohlenen Konzeptes führt nicht weiter. Unüberschaubar für uns ist einstweilen die Vielfalt dessen, was in den Vergangenheiten unserer Analysanden, von der Geburt bis zur Analyse, wirksam gewesen sein mag. Im analytischen Prozeß sind wir als Analytiker immer die verspäteten Gäste unserer Analysanden.

5. Die Identifikation

Vernunft zeichnet in der Regel das Bewußtsein aus. Die Deutungsarbeit im analytischen Prozeß folgt ihren Linien. Sie reiht sinnvolle, verständliche und vernünftige Zusammenhänge aneinander. Nur dann besteht Aussicht, daß Analytiker und Analysand verstehen, was im Unbewußten vorgeht. Nur dann ist Einsicht möglich.

Das Unbewußte ist aber unvernünftig. Es folgt nicht den Regeln des Denkens und Verknüpfens, die Wohlbefinden schaffen. Das Unbewußte ist absurd.

Das Prinzip, unbeirrbar der Sukzession im Assoziationsverlauf zu folgen, scheint Absurdes mit Vernünftigem zu verbinden. Das Absurde überwiegt. Es ist wichtig, sich das zu vergegenwärtigen, um nicht vorzeitig rationalisierende Brückenvorstellungen einzubauen. Man hat diese Neigung, weil es unangenehm ist, im Absurden stecken zu bleiben.

Ich will das Beispiel des 28jährigen Analysanden, der die ausgeprägten Arbeitsstörungen vor den Analysenstunden zeigte, wieder herbeiziehen und das Konzept der Sukzession im Assoziationsverlauf so anwenden, wie die Theorie der Technik es anbietet. Das Prinzip, das aus der Technik der Traumdeutung stammt, baut darauf auf, daß Dinge, die sich für die vernünftige, also sekundärprozeßhafte Erfassung als nur additive Folge erkennen lassen, künstlich in eine Reihe kausal voneinander abhängiger Erscheinungsformen eingeordnet werden.

Was motiviert mich eigentlich, ein so unsinniges Prinzip vorzuschlagen?

Ich antworte: Auf diese Weise werden die unbewußten Vorgänge in ihrem primärprozeßhaften Charakter sichtbar.

Was berechtigt mich, eine so unsinnig scheinende Behauptung aufzustellen?

Ich antworte: die Erfahrung der Psychoanalyse.

Führt ein solches Vorhaben weiter?

Die Psychoanalyse führt nie weiter. Sie führt gewöhnlich zu etwas ganz anderem, als man denkt. Mit der Psychoanalyse können keine Fortschritte erzielt werden. Es gibt nur Wandlungen. Im analytischen Prozeß wandeln sich die Dinge langsam und unter Hindernissen. Hindernisse sind nicht lästige Störungen, denn in ihnen sind die unbewußten Motivierungen enthalten.

- Weil der Analysand von Arbeitsstörungen betroffen war, freute er sich, in die Analysenstunde zu kommen ...
- Weil er sich freute, in die Analysenstunde zu kommen, fiel ihm nichts ein ...
- Weil er keine Einfälle hatte, erzählte er die Geschichte von seinen Freunden ...
- Weil er die Geschichte von seinen Freunden erzählte, entwickelte er das Gefühl, diese Freunde seien ihm gegenüber rücksichtslos ...

Ich gehe noch einen Schritt weiter und verfolge diese Reihe in die Vergangenheit der bisher in dieser Analyse gemachten Erfahrungen:

- Weil der Analysand überhaupt bereit war, in Analyse zu kommen, hat er es auch auf sich genommen, diese Analyse bisher fortzusetzen ...
- Weil er sie fortsetzte, war es auch möglich, ihm die Einsicht zu vermitteln, daß er eine beschützende Haltung gegenüber seinen Familienangehörigen einnimmt ...
- Weil er diesen Zwang, dem er unterliegt, einsehen konnte, sind Arbeitsstörungen vor der Analysenstunde aufgetreten ...
- Weil diese Arbeitsstörungen aufgetreten sind, hat er eine Wut verspürt ...
- Weil er wütend war, berichtete er in der Analysenstunde über seine Arbeitsstörungen und über seine Wut ...
- Weil er darüber berichtete, entspannte er sich affektiv, ohne die analytische Beziehung zu konfliktualisieren ...
- Weil diese Entspannung eintrat, sind vor der nächsten Analysenstunde erneut Arbeitsstörungen aufgetreten ...
- Weil diese Arbeitsstörungen wieder aufgetreten waren, hat er sich mit einer beinahe sehnsüchtigen Erwartung auf die analytische Sitzung gefreut.

Es wird nun offensichtlich, daß ich mit der Aufmerksamkeit, die ich der Sukzession im Assoziationsverlauf schenke, nicht weiterkomme. Ich bin gezwungen, etwas Neues einzuführen.
Bietet sich an dieser Stelle ein neues Konzept der Theorie der Technik an?

Der analytische Prozeß, sagte ich, verläuft nie linear. Er ist dadurch charakterisiert, daß alles, was ich dem Analysanden im Deutungsverfahren mitteile, das Resultat von Wechselbeziehungen ist. Diese Wechselbeziehungen sind einerseits von den emotionalen Bewegungen und andererseits durch die Inhalte der Vorstellungen, sowohl des Analysanden als auch des Analytikers, bestimmt. Die Aufmerksamkeit, die ich der Sukzession im Assoziationsverlauf schenke, führt, isoliert betrachtet, höchstens zu Rationalisierungen und zu Fehlschlüssen. Das Neue, das ich hier einführen muß, ist eine Abstraktion, mit welcher der analytische Prozeß in seinem aktuellen Stand nicht mehr unter einem linearen, sondern unter einem dialektischen Gesichtspunkt verstanden wird.

Diese Abstraktion geht auf eine Gesetzmäßigkeit zurück, die die psychoanalytische Theorie von Anfang an als bedeutsam erklärt und sowohl in die Libidotheorie als auch in die Ichpsychologie eingeführt hat, um Prozesse in der psychischen Entwicklung darstellen zu können. Sie gründet auf einem innerpsychischen Vorgang, der mit dem Begriff der Identifikation beschrieben wird.

Identifikation ist ein psychologischer Prozeß, durch den eine Person einen Aspekt, eine Eigenschaft oder ein Attribut einer anderen annimmt und sich dadurch verändert. Die Veränderung nach dem Vorbild des anderen kann eine vollständige oder partielle sein. Das Ich baut sich zum großen Teil aus solchen Identifikationen auf.

Die Verwendung des Begriffs Identifikation bezieht sich entweder auf einen Prozeß, der im Gange ist, oder auf einen Zustand, der eingetreten ist, nachdem ein Prozeß abgelaufen ist. Wenn ich sage, ich habe mich mit meinem Vater identifiziert, heißt das entweder, daß ich im Verlaufe meiner psychischen Entwicklung Haltungen, Meinungen und Charakterzüge meines Vaters zu einem integrierenden Bestandteil meiner Person gemacht habe, oder es bedeutet, daß ein Teil meiner Person so geworden ist, wie ich bestimmte Haltungen oder Meinungen meines Vaters erlebt, wie ich sie bewußt oder unbewußt wahrgenommen habe.

Bei diesen Formen der Identifikation verändert sich der, der sich identifiziert. Deshalb spricht man von *autoplastischer* Identifikation. Eine zweite Form von Identifikation ist dadurch charakterisiert, daß einer anderen Person Attribute oder Eigenschaften der eigenen zugeschrieben werden. Dann wird die andere Person ganz oder teilweise so erlebt und behandelt wie die eigene. Unter solchen Umständen spricht man von einer *alloplastischen* Identifikation, die dem Mechanismus der Projektion nahesteht. Der Unterschied zwischen Projektion und Identifikation liegt in den Inhalten. Projektion meint alles, was im Innern erlebt und einer anderen Person oder der Außenwelt zugeschrieben wird. Zum Beispiel kann ich sagen, ich projiziere die Strenge meines Vaters auf alle Behörden. Dann schreibe ich ein Attribut meines Vaters, das ich als Strenge erlebt habe, anderen Personen zu. Wenn ich aber mein eigenes Mißtrauen meiner Frau zuschreibe, projiziere ich mein eigenes Bild in die Wahrnehmung, die ich von meiner Frau habe. Ich kann dann statt von Projektion von alloplastischer Identifikation sprechen, weil ich ein Attribut meiner eigenen Person einer anderen zuschreibe.

Mit Identifikation werden sehr verschiedene Prozesse bezeichnet, von denen ich die Aspekte hervorhebe, die für die Theorie der Technik besonders ins Gewicht fallen. Einer dieser Aspekte betrifft die Identifikation als eine Form der Beziehung zum Objekt. Identifikation ist eine Vorstufe der Liebesbeziehung.

Die Beziehung beginnt vielleicht damit, daß ich mich einem anderen zuwende, weil ich in ihm Eigenschaften erkenne, die ich selber habe. Später, wenn sich die Beziehung vertieft, ändern sich die Verhältnisse, weil ich den anderen nun deshalb liebe, weil er Eigenschaften besitzt, die ich selber an mir vermisse, aber gerne haben möchte. Die Fähigkeit, ganz bestimmte identifikatorische Beziehungen einzugehen und aufrechtzuerhalten, wird frühzeitig in der Kindheit entwickelt und hat einen wichtigen Anteil bei der Ichbildung.

Wenn eine Objektbeziehung aufhört, tritt häufig eine Identifikation mit dem verlorenen Objekt ein. Freud schrieb in »Trauer und Melancholie«, daß Objekte möglicherweise nie wirklich aufgegeben werden können, sondern immer als Identifikation im Ich ihre Spuren hinterlassen. Weil sich das Ich in seinen Beziehungen zu den Objekten entwickelt, kann man sagen, daß das Ich aus den Identifikationen mit früheren Liebesobjekten aufgebaut ist.

Alle identifikatorischen Prozesse lassen sich auch unter dem Aspekt der Abwehr beschreiben. Bei der Frustration libidinöser Bedürfnisse und bei jedem unerträglichen Triebanspruch kann eine Identifikation im Ich aufgerichtet werden, die den Konflikt zwischen ambivalenten Strebungen vorübergehend zum Schweigen bringt. Die Ambivalenz, die den Konflikt hervorruft, entsteht aus den Triebbedürfnissen einerseits und den Überichforderungen andererseits. Diese Identifikationen als Abwehr spielen bei der Entwicklung des analytischen Prozesses eine große Rolle. Sie stehen oft im Dienst der Vertiefung der analytischen

Beziehung und haben, technisch gesehen, eine progressive Bedeutung. Der Abwehrcharakter dieser Identifikation ist keineswegs immer das erste, was ich im Deutungsprozeß hervorhebe, denn es kommt darauf an, durch eine Deutung in einer gegebenen Situation beim Analysanden eine Einsicht in die innerpsychischen Vorgänge zu ermöglichen und nicht einen komplexen Ambivalenzkonflikt, der möglicherweise hinter der Identifikation steht, jetzt in der analytischen Beziehung besonders zu betonen.

Weil ich mich zu meinem Analysanden grundsätzlich so einstelle, daß ich ihn mit allen seinen Störungen, Konfliktneigungen und Symptomen so gesund wie möglich und nicht so krank wie möglich einschätze, nehme ich auch an, daß er sich mit mir identifiziert, wenn er sich in den analytischen Prozeß einläßt. Diese Identifikation ergibt sich aus dem emotionalen Mitschwingen, das den Gedankengang des Analysanden und auch alles, was ich ihm sage, begleitet. Die allmähliche Vertiefung der analytischen Beziehung kann so beschrieben werden: Die Beziehung beginnt zunächst damit, daß der Analysand bei mir Eigenschaften entdeckt, die er bei sich selber kennt; später entwickelt sich die Beziehung dann so, daß er bei mir Eigenschaften erkennt, die er bei sich selber vermißt, aber gerne haben möchte. Das ist das Resultat der Verführung, die in jedem analytischen Prozeß eine so große Rolle spielt. Wie schon gesagt: Es gibt keinen analytischen Prozeß, in welchem der Analysand nicht versucht, den Analytiker zu verführen, sich von ihm, dem Analysanden, eingenommen zu fühlen und ihn als einen besonders liebenswerten Partner zu erkennen. Und es gibt auch keinen analytischen Prozeß, in welchem der Analytiker seinen Analysanden nicht verführt, sich in eine vertiefende Beziehung zu ihm einzulassen, also eine emotionale Bewegung in Gang zu bringen und auch in Gang zu halten. Eine richtig verstandene analytische Auswertung der Verführungsthematik ergibt, daß sich progressiv wirksame Identifikationen einstellen, die einerseits die Einsicht im Deutungsprozeß begleiten und andererseits dazu beitragen, daß die Besetzungen in der Beziehung zwischen Analysand und Analytiker im gleichen Sinne und nicht polar entgegengesetzt vorgenommen werden.

Daß Identifikationen immer dann zustande kommen, wenn sich eine Beziehung im analytischen Prozeß vertieft, und daß sie der Einsicht im Deutungsprozeß vorangehen, ist ein Konzept der psychoanalytischen Technik. Jede Einsicht in irgendein Verhalten oder einen Zusammenhang – so unscheinbar oder oberflächlich sie auch sein mag – folgt

Identifikationen, die sich bereits vorher eingestellt haben. Auf diesem Wege wird auch jeder analytische Prozeß, zu Beginn einer Analyse, eingeleitet.
Die innerpsychische Dynamik, die mit den Identifikationsvorgängen zusammenhängt, eignet sich ganz besonders dazu, das Konzept der Sukzession im Assoziationsverlauf zu ergänzen. Ich frage deshalb überall dort, wo die Betrachtung der Sukzession allein nicht ausreicht, um die Zusammenhänge zu verstehen, die sich aus den Inhalten der Assoziationen ergeben, nach der möglichen Identifikation des Analysanden mit mir.

Ich will das bereits angeführte Beispiel wieder heranziehen und dieses neue Konzept in Verbindung mit dem bereits Bekannten anwenden.
Aus jetzt nicht weiter zu verfolgenden Gründen möchte ich annehmen, der 28jährige Analysand, den ich kurz vorstellte, habe während der Analyse vor den beiden dargestellten Analysenstunden bereits durch eine Deutung, die ich ihm gab, eine wichtige Einsicht gewonnen. Er hat durch diese Einsicht verstanden, daß etwas in ihm vorgeht, worüber er zuvor nichts Bestimmtes wußte. Die Voraussetzung für diese Einsicht liegt neben anderem auch darin, daß der Analysand sich mit mir, seinem Analytiker, identifizierte. Diese Identifikation mit dem Analytiker bewirkte die Arbeitsstörungen, die der Analysand vor seiner Analysenstunde ausgebildet hatte. Aus diesem Grund bekam er eine Wut auf die bevorstehende Analysenstunde, in welcher er dann so offen und frei über seine Wut und seine Arbeitsstörung sprach. Ich hatte dafür gesorgt, daß die konfliktfreie Haltung des Analysanden nun nicht durch irgendwelche Interventionen in einen Konflikt in unserer Beziehung verwandelt wurde, sondern daß die Entspannung und die konfliktfreie Situation im emotionalen Bereich der Beziehung aufrechterhalten blieb. Deutungsschritte, die sich vielleicht angeboten hätten, um eine Einsicht in irgendeine Richtung zu fördern, wären bloß Ausdruck eines Mißverständnisses gewesen. Ist der Analysand in der Lage, die Beziehung zu mir konfliktfrei zu erhalten, darf ich mich nicht so einstellen, als müßte ich das gleichsam Versäumte durch meinen Beitrag nachholen. Wenn ich es dennoch täte, schränkte ich nicht nur die autonomen Funktionen meines analytischen Partners in einer Weise ein, die unsere Beziehung ernsthaft in Frage stellen müßte, sondern würde die Entwicklung der Analyse selbst hemmen. Sie geht nur dann weiter, wenn etwas Neues hinzukommt, das bisher nicht faßbar geworden ist.

Ich will versuchen zu zeigen, daß in dieser Situation mit meinem Analysanden nachweisbar ein wichtiges Glied fehlte, um die Zusammenhänge zu erkennen, die psychodynamisch wichtig waren. Der Sinn meiner ausführlichen und komplex scheinenden Überlegungen in diesem und dem vorangegangenen Kapitel wird erst deutlich, wenn anschaulich wird, daß hier nicht voreilig Zusammenhänge erkannt werden können, die noch gar nicht ersichtlich sind. Ich muß warten, bis sich die Dinge klären, die einfach noch nicht übersichtlich sind. Daß sie nicht übersichtlich sind, hängt nun nicht mit dem Mangel meiner Einfühlung zusammen, sondern damit, daß in dem, was der Analysand anbietet, etwas Entscheidendes fehlt, was zur Klärung des Übertragungswiderstandes führt.

Warum war es dem Analysanden möglich, trotz Wut und Arbeitsstörungen während dieser Stunde, in der er darüber berichtete, konfliktfrei zu bleiben?

Er konnte konfliktfrei bleiben, weil sich in dieser Phase der Übertragung die Identifikationsneigung des Analysanden ungestört entwickelt hatte.

Das ist nicht immer der Fall. Viel häufiger kommt es vor, daß sich der Analysand zunächst nicht mit dem Analytiker identifizieren kann. In solchen Fällen treten Abwehrmanifestationen in Erscheinung, die mit frühen Erlebnissen in der Kindheit zusammenhängen und Haltungen in die analytische Beziehung hineintragen, die wie Fremdkörper erscheinen und die Identifikation mit dem Analytiker erschweren. In meinem Beispiel war demgegenüber die Identifikation mit mir so stark, daß Auswirkungen alter Abwehrmechanismen noch nicht in Erscheinung treten konnten, weil der Analysand seine gute Beziehung zu mir nicht stören lassen wollte.

Es ist technisch gesehen wichtig, das vom Analysanden vorgelegte Material pragmatisch zu verfolgen und nicht in affektiver Weise den Analysanden in einer Richtung zu beeinflussen, die eine Störung der Beziehung heraufbeschwören könnte.

Da ich mich in jener Situation nicht einschränkend verhielt, sondern die emotionale Bereitschaft des Analysanden respektierte, seine Identifikation trotz aller störender Einflüsse aufrechtzuerhalten, verstärkte sich diese Identifikation in einer ganz selbstverständlichen Weise. Am Tag der folgenden Analysenstunde traten die Arbeitsstörungen dann stärker in Erscheinung. Der Analysand empfand Freude und eine beinahe sehnsüchtige Erwartung, die sich auf die bevorstehende Stunde richtete. Das war ein Zeichen dafür, daß er die Identifikation mit mir und meiner Funktion noch stärker spürte als zuvor. Weil der Analysand sich mit mir so intensiv identifiziert hatte, fiel ihm nichts ein. Er empfand eine Leere und erzählte schließlich die Geschichte über seine Freunde und das Gefühl der Rücksichtslosigkeit. An dieser Stelle deutete ich nicht irgend etwas über die Identifikation, sondern stellte fest, was ich bisher abgeleitet habe:

Die Rücksichtslosigkeit, die der Analysand erwähnte, konnte nicht der unbewußten Regung entsprechen, die in der Übertragung wirksam wurde. Jedenfalls kann ich es nicht als Konflikt in der Übertragung deuten, solange ich noch gar nicht weiß, in welcher Richtung sich diese Übertragung entwickelt.

Wie soll ich dem Analysanden diese Verhältnisse deuten?

Ich habe meine Deutung ganz einfach aus dem vorgelegten Material, das mir der Analysand brachte, abgeleitet und mich mit einer Feststellung begnügt, die man etwa so in Worte fassen könnte:

»Die Ereignisse und Gefühle, die Sie mit dem gestrigen Abend verbinden und über die Sie soeben berichtet haben, können nicht die Ursache dafür sein, daß Sie heute morgen in noch stärkerem Maße arbeitsunfähig waren als vorgestern.«

Es kann nicht sein, weil das, was er berichtet hatte, bewußt war. Es kann nicht sein, daß etwas, das ihn so plagt wie die Arbeitsstörung, mit etwas zu erklären wäre, das ihm bewußt ist.

In einer solchen Situation kann ich damit rechnen, daß der Analysand auf die Äußerungen des Analytikers eingehen wird. Er kann sie nicht einfach übergehen. Er identifiziert sich weiterhin mit mir. Er fühlt sich angeregt, näher auf die Zusammenhänge einzugehen.

Um Mißverständnissen zuvorzukommen, will ich betonen, daß es keineswegs geboten ist, den Analysanden so anzusprechen, wie ich es soeben vorgeschlagen habe. Man kann auch in einer anderen Art und Weise vorgehen. Man könnte zum Beispiel sagen: »Die Ereignisse, über die Sie berichten, können nicht die Ursache von dem sein, was Sie so stört.« Oder: »Das kann nicht der Grund sein, weshalb Ihnen zu Beginn der Stunde nichts eingefallen ist.« Oder: »Die Geschichte, die Sie von Ihren Freunden berichten, haben sie jetzt mühsam herangezogen, damit Sie nicht von etwas anderem sprechen müssen, das Sie viel mehr beschäftigt.«

Der Analytiker soll das sagen, was zu ihm paßt. Wichtig ist nur, dem Analysanden in irgendeiner Weise zu zeigen, daß das, was ihn wirklich bewegt, nicht das sein kann, was ihn am Vorabend bewegt hatte, ob-

schon gerade in der erzählten Geschichte der Kern des unbewußten Motivs für das liegen muß, was ihn in seinem Erleben so stört.
In jedem Falle wird der Analysand auf eine derartige bloß feststellende Bemerkung des Analytikers in irgendeiner – gewiß nicht zufälligen – Weise reagieren.
Was ist der Sinn und Zweck einer solchen Bemerkung des Analytikers?
Ich beabsichtige beim Analysanden das zu bewirken, was ich am Beispiel des jungen Mannes zu zeigen versuchte, der glaubte, ich sei schwerhörig. Es geht nämlich darum, eine Polarisierung in den bewußten Vorstellungen des Analysanden herbeizuführen. Er muß darauf aufmerksam gemacht werden, daß ein polarer Gegensatz besteht zwischen dem, was er empfindet, und dem, was er in der Realitätserfahrung der analytischen Beziehung erlebt. Wie der Analytiker im einzelnen vorgeht, um das zu erreichen, ist ihm anheimgestellt.

An dieser Stelle will ich die Gelegenheit ergreifen, ein mir wichtig erscheinendes dialektisches Konzept der psychoanalytischen Technik explizit zu formulieren, das bereits impliziert war, als ich von den Prioritäten und Relativierungen gesprochen habe (3. Kapitel). Es bezieht sich auf die Vorgänge, die ich mit polaren, gegensätzlich gerichteten Besetzungen in Verbindung bringe.
Polarisierungen, die durch Besetzungsmodalitäten entstehen, haben dann progressiven, den analytischen Prozeß fördernden Charakter, wenn sie sich auf innerpsychische kognitive Vorgänge beziehen, die einen befremdenden Eindruck im Analysanden erzeugen, weil alte, fixierte Erlebnisweisen wie Fremdkörper in eine ganz andersartige aktuelle Beziehung einfließen. Sie haben andererseits einen ungünstigen, den analytischen Prozeß hemmenden Charakter, wenn sie in der Beziehung zwischen Analytiker und Analysand auftreten. Dies ist so, weil dann alte, fixierte Erlebnisweisen leicht in ihrer ursprünglichen Form in die aktuelle analytische Beziehung einfließen und die Konfliktneigungen reaktivieren, die schon immer so gewesen sind, wie sie sich jetzt im analytischen Prozeß niederschlagen. Unter solchen ungünstigen Verhältnissen reproduzieren sich die neurotischen Erlebnisweisen des Analysanden und des Analytikers in ihrer Beziehung. Es entstehen polar entgegengesetzte Einstellungen zu Zielen, die erreicht werden sollten, und es stellt sich leicht eine mehr oder weniger offene Kampfsituation ein, in welcher jeder Partner den anderen von Mißverständ-

nissen überzeugen will, die nicht mehr von kognitiven bewußtseinsfähigen Inhalten, sondern von affektiven Verhältnissen abhängen.
Wenn ich in der analytischen Situation mit einem Übertragungswiderstand konfrontiert bin, kommt es darauf an, daß mein Analysand die Gegensätze wahrnimmt, die dadurch eingesehen werden können, daß in seinen Vorstellungen etwas auftaucht, das mit dem nicht vereinbar ist, was er gerade in dieser Stunde seiner Analyse spürt. Er bemerkt einen inneren Widerspruch. Das ist stets der erste Schritt in der Wahrnehmung des Unbewußten. Ich gebe keine Deutung des Inhalts des Übertragungswiderstandes, solange nicht im Erlebnisbereich des Analysanden die Wahrnehmung eines solchen polaren Gegensatzes spürbar ist. Dazu braucht der Analysand Zeit. Es ist oft so, daß ich wiederholt versuchen muß, diesen Polarisierungseffekt zu erzielen. Wenn im emotionalen Bereich die Beziehung zwischen mir und meinem Analysanden stimmt, wenn, anders gesagt, keine falschen Töne in unserer Beziehung angeschlagen werden, kurz, wenn die Beziehung nicht verlogen ist, kann der Sachverhalt von einem Moment zum anderen aufgeklärt werden.
Anders liegen technisch gesehen die Verhältnisse, wenn ich in der analytischen Situation mit einem Verdrängungswiderstand konfrontiert bin. Gewöhnlich tritt beim Analysanden ein Gefühl der Befremdung auf, sobald er wahrzunehmen beginnt, daß er etwas verdrängt. Die Lücke in seinem Denken oder Fühlen enthält das Unbewußte. Wenn ich dann eine Deutung gebe, muß ein sinnvoller Inhalt bereitliegen, der die Lücke ausfüllt.

In meinem Beispiel kam die überraschende Wendung unmittelbar nach meiner Deutung, die Ereignisse und Gefühle des Abends mit den Freunden könnten nicht die Ursache für die verstärkte Arbeitsunfähigkeit sein. Der Analysand sagte: »Die Geschichte mit meinen Freunden hat gewiß mit meiner Arbeitsstörung vor unserer Stunde, heute morgen, nichts zu tun.«
Der Analysand sprach mit leicht verächtlichem Tonfall, als wollte er damit zum Ausdruck bringen, daß er es völlig absurd finde, zwischen diesen beiden Vorfällen überhaupt eine Beziehung herzustellen. Dann fuhr er fort:
»Wenn mit meiner Arbeitsstörung etwas Bestimmtes in Verbindung stehen könnte, wäre es schon eher das, was mir heute morgen im Geschäft widerfahren ist. Ich saß in meinem Zimmer und versuchte zu arbeiten. Es ging nicht vorwärts. Ich fühlte mich gehemmt und innerlich

gespannt. Plötzlich trat mein Kollege ins Zimmer und sagte, er habe gerade nichts Besonderes zu tun und gehe schnell ins Wirtshaus, um einen Kaffee zu trinken. Wenn der Chef ihn rufen sollte, was gewiß nicht der Fall sein werde, solle ich eine Ausrede finden. Lachend und überzeugt davon, daß nichts geschehen würde, verließ er mein Zimmer. Kaum war er weg, kam ein Telephonanruf vom Chef. Mein Kollege solle sofort zu ihm hinaufgehen. Ich suchte nach einer Ausrede und sagte, mein Kollege sei gerade auf der Toilette. Ich würde es ihm ausrichten, sobald er zurückkomme. Obschon ich ohnehin mit meiner Arbeit nicht vorwärtskam, wurde ich nun noch zusätzlich gestört und mußte mit den Akten hinuntereilen und meinen Kollegen im Wirtshaus suchen, um ihn zu benachrichtigen. Als ich dann wieder an meinem Tisch saß und weiterarbeiten wollte, hat mich eine Wut gepackt. Ich habe gedacht, mein Kollege sollte genauso in seinem Büro sitzen müssen wie ich und nicht einfach ins Wirtshaus laufen, wann immer es ihn ankommt. Besonders wütend war ich darauf, daß er mich noch zusätzlich von meiner Arbeit abgelenkt hatte, wo ich doch so große Mühe habe, mich zu konzentrieren.«

Diese neue Episode aus dem aktuellen Erlebnisbereich des Analysanden erweiterte in entscheidender Weise mein Blickfeld für tiefere Zusammenhänge, die ich bisher nicht erkennen konnte. Ich folge wiederum den beiden analytischen Regeln, die ich beachten muß. Einerseits schenke ich der Sukzession der Assoziationen besondere Aufmerksamkeit und achte dabei auf einen möglichen Summationseffekt, der aus der Folge der Dinge, die da berichtet werden, bei mir entstehen könnte. Andererseits halte ich am zweiten Konzept fest und führe mir vor Augen, daß sich der Analysand mit mir identifiziert.

Aus dieser Einstellung ergab sich, daß ich ihm folgendes sagte: »Sie haben sich ganz offensichtlich heute morgen im Geschäft in eine widersprüchliche Situation begeben. Zuerst sagten Sie Ihrem Chef, Ihr Kollege sei auf der Toilette, um ihn zu decken. Dann liefen Sie ins Wirtshaus und benachrichtigten ihn schnell, damit er keine Unannehmlichkeiten hatte. Kaum waren Sie wieder in ihrem Bureau, wechselte Ihre Einstellung. Sie identifizierten sich plötzlich mit Ihrem Chef. In erzieherischer Weise möchten Sie ihrem Kollegen Vorwürfe machen und ihn veranlassen, sich so zu verhalten, daß er seine Pflichten erfüllt.«

Mit dieser Interpretation stand ich nun mit meiner Identifikationsthese dicht am Material, das der Analysand vorgebracht hatte.

Der Analysand reagierte auf diese Zusammenhänge mit Einsicht. Er mußte zugeben, daß die Schlußfolgerungen, die ich vortrug, bereits in allem, was er berichtet hatte, enthalten waren. Nach dieser Einsicht fuhr er fort und sagte:

»Es ist schlimm mit mir. Ich habe nämlich dauernd Angst, der Chef könnte mir Vorwürfe machen. Ich habe meinen Kollegen schon oft in der gleichen Art in Schutz genommen und befürchtete jedes Mal, der Chef könnte mich ertappen, wenn ich eine Notlüge vorbringe, um meinen Kollegen zu decken. Ich stellte mir immer vor, der Chef käme plötzlich zu mir und stellte mir unangenehme Fragen.«

Ich: »Sie befürchten, der Chef könnte Ihnen Vorwürfe machen.«

Analysand: »Jedes Mal, wenn ich dem Chef begegne, habe ich den Eindruck, er werde mich zur Rede stellen, weil ich das Geschäft vorzeitig verlasse, um zu Ihnen zu kommen. Es ist unsinnig, denn ich habe so viele Überstunden gemacht, daß niemand mir etwas vorwerfen kann.«

Ich: »Ihr Chef könnte auch das Gefühl haben, Sie seien ihm und den Interessen des Geschäfts gegenüber rücksichtslos.«

Ich befinde mich ganz nahe an den Vorwürfen, die er seinen Freunden am Abend zuvor gemacht hatte. Diese Vorwurfshaltung geht offenbar auf eine Identifikation mit jemandem zurück, der ihm Vorwürfe machen könnte und vor dem er Angst hat.

Analysand: »Mit meinen Freunden verhält es sich im Grunde genommen so, daß ich für sie koche und alles besorge, damit sie sich wohlfühlen und mir keine Vorwürfe machen. Es kommt aber immer so heraus, daß sie mir dann erst recht vorwerfen, ich würde ihnen den Abend verderben, weil ich so viele Sachen mache und abwasche, abtrockne und alles in Ordnung bringen wolle. Sie sagen, das sei so mühsam und beschwerlich für jedermann, der mit mir etwas zu tun habe. Natürlich werde ich dann wütend auf sie und finde, sie seien rücksichtslos.«

Ich: »Sie machen also so viele Sachen, weil Sie befürchten, man könnte Ihnen Vorwürfe machen. Ich vermute, Sie haben auch heute, während unserer Stunde, die Geschichte vom gestrigen Abend erzählt, weil Sie befürchtet haben, ich könnte Ihnen Vorwürfe machen.«

Analysand: »Als ich vorgestern zur Stunde kam und eine Wut auf die Analyse hatte, erwartete ich, daß Sie mich anschreien und hinauswerfen würden. Ich war überrascht, wie freundlich Sie zu mir waren. Als ich mich heute, zu Beginn der Stunde, hinlegte und Ihnen sagte, ich hätte mich so gefreut, in die Analyse zu kommen, ist mir das wieder in den Sinn gekommen. Dann fiel mir plötzlich nichts mehr ein.«

Ich: »Es ist Ihnen nichts eingefallen, weil Sie erwartet haben, daß ich jetzt an die Reihe käme, etwas zu sagen. Sie erwarteten, daß ich Ihnen Vorwürfe machen sollte.«

Analysand: »Ich weiß doch, daß Sie wünschen, ich solle etwas erzählen. Deshalb gab ich mir alle Mühe, etwas zu finden. Schließlich berichtete ich dann von dem gestrigen Abend.«

Ich will die Identifikationen näher untersuchen, die sich in dieser Phase der Analyse zeigten. Die Geschichte mit dem Arbeitskollegen, den der Analysand aus dem Wirtshaus holen mußte, weist auf eine Identifikation, die er mit seinem Chef eingegangen ist. Das heißt, daß der Analysand in dieser Phase der Analyse so geworden ist, wie er bestimmte Meinungen und Haltungen seines Chefs erlebt und bewußt wahrgenommen hat. Diese Form der Identifikation steht nun in Widerspruch zu der Angst des Analysanden, sein Chef könnte ihn ertappen, wenn er das Geschäft vorzeitig verläßt, um zu mir in Analyse zu kommen. Der Widerspruch hängt damit zusammen, daß der Analysand sich auch mit mir identifiziert hat. Diese Form der Identifikation ist jener viel ähnlicher, die er mit seinem Arbeitskollegen eingegangen ist, den er im Wirtshaus sucht und den er decken will. Der Ambivalenzkonflikt, der sich aus diesen einander widersprechenden Erlebnisweisen entwickelt, führt nun nicht zu einem Konflikt in der Übertragung, sondern zu einer Projektion: Der Analysand überträgt die mögliche Vorwurfshaltung des Chefs auf mich, das heißt, er erwartet nun die Vorwurfshaltung von mir. Dann fällt ihm plötzlich nichts mehr ein. Er hat eine Einfallslücke, die er mit Befremden wahrnimmt. Weil die Identifikation mit mir viel stärker ist als die mit seinem Chef, kann er die Projektion nicht aufrechterhalten. In der Geschichte mit seinen Freunden wird er wieder zu dem, der es allen recht machen will und dem man in rücksichtsloser Weise Vorwürfe macht. Damit drückt er aus, daß er es mir in der Analyse immer recht machen wolle, daß ich aber nur darauf warte, ihm in rücksichtsloser Art Vorwürfe zu machen. Eine solche absurde, der analytischen Beziehung in jeder Hinsicht nicht entsprechende Annahme hat sich im Erlebnisbereich des Analysanden als etwas Befremdendes bemerkbar gemacht, das jetzt durch die Deutung ins Bewußtsein gehoben werden muß, damit der Zusammenhang mit den unbewußten Triebbedürfnissen, die sich in der Übertragung entwickelt haben, erkannt werden kann und auch die Triebregungen selbst bewußt werden.

Ich: »Sie haben sich mit den Vorstellungen identifiziert, die Sie mir, in Ihren Phantasien, zuschreiben. In diesen Phantasien erleben Sie mich als jemanden, der von Ihnen Dinge fordert, wie Ihr Chef sie von Ihnen fordert. Sie haben ganz einfach Angst, ich könnte Sie genauso mit Vorwürfen überhäufen, wie Sie es von Ihrem Chef befürchten.«

Technisch gesehen ist es wichtig, jetzt nicht auf halbem Wege stehen zu bleiben, sondern den eingeleiteten Deutungsschritt zu Ende zu führen. Die Kriterien für eine vollständige Deutung liegen in der Berücksichtigung und Erfassung aller Stationen, die bei der Verfolgung der Sukzession im Assoziationsverlauf angetroffen wurden.

Ich: »Die Arbeitsstörung, die Ihnen so unbegreiflich ist, stellt meine, von Ihnen phantasierte Arbeitsstörung dar, von der Sie glauben, sie trete auf, wenn Sie bei mir sind. Sie erleben mich so, als ob ich gehemmt und gestört wäre, das zu tun, was ich tun sollte. Zuerst hatten Sie die Wut, von der Sie glaubten, ich hätte sie, wenn Sie kommen. Dann haben Sie die Erfahrung gemacht, daß ich nicht wütend bin, und haben sich mit mir identifiziert. In der folgenden Stunde, heute, haben Sie die Freude empfunden, von der Sie phantasieren, ich hätte sie, wenn Sie kommen. Das hat bei Ihnen den Ausfall der Gedanken bewirkt. Mit den Einfällen zur Geschichte mit Ihren Freunden haben Sie gezeigt, wie Sie die Menschen, die sich Ihnen zuwenden, als rücksichtslos erleben. Hier, in unserer Beziehung, nehmen Sie an, daß ich denke, Sie seien rücksichtslos, wenn Sie erwarten, daß ich mich darüber freue, wenn Sie zu mir kommen. So, wie Sie es nicht ertragen, daß Ihre Freunde erwarten, Sie sollten sich freuen, wenn sie bei Ihnen sind, so können Sie Ihre eigenen Gefühle nicht ertragen, die von mir fordern, daß ich Sie liebe. Um das zu verleugnen, stellen Sie an Ihrer eigenen Person dar, wie ich mich gegen Sie zur Wehr setzen müßte. Ich sollte wütend werden, in meiner analytischen Arbeit gestört und gehemmt sein und eine Abwehr gegen Sie ausbilden. Das alles tun Sie nur deshalb, weil Sie die Intensität Ihrer Gefühle, die Sie hier, in der Analyse, bewegen, nicht ertragen können. Sie verschieben die Abwehr, die Sie selbst nicht mehr aufrichten können, auf mich.«

Nach dieser Deutung konnte der Analysand einsehen, daß die positiven Gefühle, die er in unserer Beziehung entwickelt hatte, so heftig geworden waren, daß er sie nicht mehr ertrug. Er mußte seinen analytischen Partner in seinen unbewußten Phantasien beauftragen, dafür zu sorgen, diese Gefühle zu mäßigen und zurückzuweisen. Die Einsicht in diese Zusammenhänge löste beim Analysanden ein ihn befremdendes Gefühl aus. Einerseits stimmte er zu, denn alles, was in der Deutung enthalten war, erschien ihm in unfaßbarer Weise bereits bekannt. Andererseits lehnte er sich dagegen auf, weil er seine eigenen Gefühle mit dem

Bild, das er von sich hatte, nicht mehr in Einklang bringen konnte. In einer solchen Entwicklung einer Deutungsarbeit ist es wichtig, den Analysanden darauf hinzuweisen, daß das, was jetzt in ihm vorgeht, nicht zufällig, sondern in seiner Lebensgeschichte vorgezeichnet ist.

Ich: »Es kann gar nicht anders sein, als daß Sie solche Erfahrungen in Ihrem Leben, wahrscheinlich bereits in Ihrer frühen Kindheit, gemacht haben.«

Damit rege ich den Analysanden an, die eigenartigen Phantasien, die er in seiner guten und entspannten Beziehung zu mir entwickelt hat und die in keiner Weise mit dem übereinstimmen, was er wirklich empfindet, mit Erinnerungen aus seiner Lebensgeschichte zu verknüpfen.

An diesem Beispiel eines Deutungsprozesses, der auf der Anwendung von zwei wichtigen Konzepten der Technik aufbaut, wollte ich zeigen, daß ein methodisch-technisches Vorgehen notwendig ist, um in bestimmten Situationen zu erkennen, daß für das Verständnis eines Übertragungswiderstandes etwas Entscheidendes fehlt, das ich mit meiner Einfühlung allein nicht entdecken kann. Ich spüre möglicherweise, daß etwas nicht stimmt. Ich kann es schwer fassen und neige dazu, das Fehlende durch Überbrückungsvorstellungen zu ergänzen, wodurch unmerklich und stufenlos Rationalisierungen und Intellektualisierungen in den Deutungsprozeß einfließen können.

Das methodisch-technische Vorgehen führte in meinem Beispiel dazu, daß ich mich auf eine Gegenüberstellung beschränkte und eine eigentliche Deutung verweigerte. Weil damit das Problem an ihn zurückverwiesen war, wurde der Analysand angeregt, die uns beide irritierenden Zusammenhänge neu zu überdenken, wobei ihm ein aktuelles Erlebnis einfiel, das für mich neue und überraschende Zusammenhänge zeigte: die Konfrontation mit seinem Chef und seine damit in Verbindung stehenden Ängste.

Erst mit der Durcharbeitung dieser neuen Episode wurde es möglich, die eigentlichen unbewußten Regungen zu verstehen und zu deuten, die die Einfallslücke und den Übertragungswiderstand motivierten. Dabei stellte sich heraus, daß der Analysand die Intensität seiner positiven Gefühle nicht ertragen konnte, weil verdrängungsbedürftige Triebwünsche damit in Verbindung standen.

Der Analytiker hat vor allem die Aufgabe, mit großer Aufmerksamkeit solche Prozesse zu verfolgen, um derartige Entwicklungen, die sehr häufig vorkommen, nicht zu übersehen. Er übersieht sie, wenn er frühzeitig Widerstände zu erkennen glaubt, die sich gegen die Fortsetzung der analytischen Arbeit richten, oder aggressive Regungen deutet, von denen er vermutet, sie seien auf den Analytiker projiziert worden und gälten einer der großen Figuren der Kindheit. Durch solche und ähnliche Fehlschlüsse kommt es leicht dahin, daß viel zu früh und in unzweckmäßiger Weise rekonstruktive Deutungen angeboten werden, die die Beziehung zum Vater oder zur Mutter betreffen und die mit der Rolle des Analytikers im Übertragungsgeschehen verknüpft werden, ehe sich die Beziehung so weit geklärt und vertieft hat, daß von einer solchen Bedeutung überhaupt gesprochen werden kann.

Mit den Instrumenten der Technik – in meiner Betrachtung mit dem Konzept der Sukzession im Assoziationsverlauf und dem Konzept der Identifikationsneigung des Analysanden – bin ich in der Lage, die Mitteilungen, Reaktionsweisen und Ausdrucksmittel des Analysanden zu ordnen und zu verstehen. Ich kann dieses Ordnen und Verstehen in diskreter, das heißt stufenloser, allmählicher Vertiefung fortsetzen, ohne die Grenzen wahrzunehmen, an welchen all mein Verstehen und Deuten fast unmerklich ins Rationalisieren mündet. Hier zeigt sich die große Gefahr, die mit allen technischen Konzepten und ihrer Anwendung verbunden ist. Analytiker, die bewußt auf technische Hilfsmittel verzichten wollen, vertreten, oft unausgesprochen, die Ansicht, es sei besser, sich von Anfang an dieser Gefahr zu entziehen. Sie übersehen dabei, daß sie damit auch darauf verzichten, mit ihren Analysanden einen analytischen Prozeß anzustreben, der über das hinausgeht, was der sogenannte gesunde Menschenverstand in der Lage ist, durch Einfühlung und Vergleich mit sich selbst zu erraten.

Als Analytiker darf man nicht versuchen, die Gefahren, die ein methodisch-technisches Vorgehen bringen, zu umgehen. Es ist vielmehr notwendig, sich gleichzeitig auf zwei Ebenen zu bewegen. Man hat die Signale wahrzunehmen, die darauf hinweisen, wann und wie das quantitative Sammeln und Ordnen von Beobachtungsmaterial einen qualitativen Umschlag in eine emotionale Bewegung erfährt, die den Analysanden wie auch den Analytiker betrifft. In meinem Beispiel war das Signal der Bericht meines Analysanden über die Konfrontation mit seinem Chef und seine illusionären Ängste. Damit war der Punkt erreicht, wo das Sammeln und Ordnen von Beobachtungsmaterial in ein spezifisches Erleben umschlagen konnte und mußte.

Die zwei Ebenen, auf denen man sich im psychoanalytischen Prozeß bewegt, sind einerseits die Ebene des methodisch-technischen Vorgehens und andererseits die Ebene des dialektischen Wechselspiels dynamischer, innerpsychischer Prozesse. Man kann das eine mit dem anderen nicht vereinbaren. Wenn man es versucht, entsteht ein in sich geschlossener Kreis von Rationalisierungen. Psychoanalytische Technik führt immer nur so weit, daß die Ebene methodischen Vorgehens verlassen werden kann und die Ebene dynamischer Wechselwirkungen erreicht wird. Man darf sich keine Illusionen machen: Es gibt nur diese Möglichkeit, eben die des methodisch-technischen Vorgehens, um die Ebene des dynamischen Wechselspieles im Sinne des analytischen Prozesses überhaupt erreichen zu können. Nur wenn dieser Umweg eingeschlagen wird, ist es auch möglich, in die Deutungsarbeit die metapsychologischen Erkenntnisse einzubauen.

Ich setze mich mit meinem Analysanden nicht an einen Tisch, der für uns beide gedeckt ist und an dem wir nun gemeinsam das Mahl genießen, das wir bestellt haben. Es ist auch nicht so, daß wir an diesem Tisch statt gut gekochter Speisen Abfälle, Unrat oder Kieselsteine vorgesetzt bekommen. Ich bin stets der verspätete Gast meines Analysanden und sitze mit ihm zwischen halbleeren Flaschen am schon abgegessenen Tisch. So saß noch niemand zuvor. Es ist eine neue Erfahrung für beide.

Mit dieser Metapher beschreibe ich nichts anderes als den emotionalen Gehalt, der die Analyse so überaus nachhaltig charakterisiert. In der analytischen Beziehung entwickelt sich immer aus dem emotionalen Angebot des Analytikers ein emotionales Echo des Analysanden. Dieses emotionale Echo enthält die Reste und trägt die Spuren der Gäste, die am einst frischgedeckten Tisch des Kindes, das der Analysand einmal war, gesessen, gegessen, gefressen, gewütet, gefastet, verachtet, verschlungen, gespuckt, gestohlen und getrunken haben. Das alles ist in der Vergangenheit versunken. Als Analytiker bin ich der verspätete Gast, der von all dem, was da einst vorging, nichts weiß und nichts versteht. Ich beginne eine Bestandsaufnahme dessen, was ich beobachten kann. Doch diese Bestandsaufnahme wird vom Analysanden mit immer heftigeren Gefühlen begleitet. Er kommt in einen emotionalen Aufruhr, den ich nicht verstehen und in den ich mich nicht einfühlen kann. Ich verstehe ihn nicht und fühle mich nicht ein, weil ich nicht dabei war, als das geschah, wovon auch der Analysand nichts mehr weiß. Ich bin in jedem Falle verspätet erschienen. Ich kann nur mit meiner Bestandsaufnahme innehalten und den emotionalen Aufruhr meines Partners respektieren.

Wenn ich die Grenze nicht erkenne, an welcher es nun nicht mehr darum geht, weiteres Material zu sammeln, sondern wo es darauf ankommt, sich auf das bisher Erforschte zu beschränken, um es mit dem emotionalen Gehalt in eine sinnvolle Verbindung zu bringen, wird unweigerlich die emotionale Bewegung abklingen oder verzerrt und verbogen ins undurchschaubare Gewirr der neurotischen Erlebnisweise einbezogen werden. Wenn das geschieht, ist jede Deutung eine Rationalisierung, die intellektuell eingebaut wird. Die Entwicklung einer neuen emotionalen Bewegung in der analytischen Beziehung wird dadurch in empfindlicher Weise gehemmt und eingeschränkt.

Das emotionale Engagement ist in einem analytischen Prozeß immer das erste, was sich einstellt. Widerstände, Symptome, Aggressionen, erotische Wünsche und Befürchtungen, kurz, alle neurotischen Ausdrucksmittel der Menschen, die in einer Analyse reaktiviert werden, dürfen, aus prinzipiellen Gründen, so lange nicht als das verstanden werden, was sie sind, wie sie sich bloß in den Dienst der Verhinderung oder Einschränkung einer emotionalen Antwort auf das emotionale Entgegenkommen des Analytikers stellen. Wenn ein Analysand nur so viel Entgegenkommen zeigt, sagt Freud, daß er die Bedingungen der Kur respektiert, kann er gar nicht anders, als emotional – füge ich hinzu – auf die sich ausbildende Beziehung zwischen ihm und seinem Analytiker anzusprechen, auch wenn er aus dem Arsenal der Vergangenheit Stück für Stück seiner Waffen hervorzieht, um sich gegen die Fortsetzung der Kur zu wehren.

Diese Waffen des Analysanden dürfen im Deutungsprozeß weder in Frage gestellt noch als Widerstände in Angriff genommen werden, bevor sich nicht in der Vertiefung der Beziehung eine Übertragung ausgebildet hat, die den emotionalen Aufruhr in die spezifische Form gießt, welche erst die Voraussetzungen dafür schafft, daß die metapsychologischen Hilfsmittel der Deutungsarbeit sinnvoll angewendet werden können.

6. Der Übertragungswiderstand

Im Grunde kommt es darauf an, daß der Analytiker seinen Analysanden anspricht, als ob dieser bei der Aufnahme einer zwischenmenschlichen Beziehung keine neurotischen Symptome, Hemmungen, Schwierigkeiten und Konflikte ausbilden würde. Das angeführte Beispiel sollte zeigen, daß es möglich ist, bestimmte Reaktionen, Verhaltensweisen und Emotionen, die den Analysanden bewegen, mit den Inhalten und der Sukzession seiner Einfälle so zu verbinden, daß durch entsprechende Deutungen Einsichten in tiefere, unbewußte Zusammenhänge entstehen. Dabei ergab sich, daß das emotionale Engagement, welches der Analysand in die Analyse trägt, nicht notwendigerweise von Übertragungswiderständen behindert wird, die sich gegen die analytische Arbeit richten.

Es war kein Zufall, sondern Absicht, daß ich zunächst von der analytischen Beziehung ausging, in welcher die Übertragung einen ungestörten Verlauf nimmt. Das heißt nichts anderes, als daß die analytische Arbeit den Triebwünschen oder dem emotionalen Angebot des Analysanden nicht zuwiderläuft. Die Deutungsarbeit entwickelt sich in gleicher Richtung wie das, was der Analysand erwartet. In meinem Beispiel des jungen Mannes, der vor den Analysenstunden unter einer ausgeprägten Arbeitsstörung litt, war es auffällig, daß er während der analytischen Sitzungen nicht unter etwas litt, das diesen Arbeitsstörungen entsprochen hätte. Auch die Leere, die dieser Patient während der Analysenstunde empfand, als ihm nichts einfiel, darf ich nicht ohne weiteres als etwas auffassen, das die Bedeutung hätte, daß er sich dem analytischen Prozeß widersetze.

Die Aufgabe des Analytikers, das wollte ich vor allem zeigen, besteht zunächst darin, anzunehmen, daß sein Analysand sich zur verstehenden und deutenden Aktivität des Analytikers positiv einstellt, das heißt, daß er zunächst bereitwillig, interessiert und in seinen Gefühlen zustimmend mitarbeitet. Man ist nicht berechtigt, von Anfang an zu vermuten, es entwickle sich im Analysanden etwas, das sich gegen die Ziele der Anwendung der analytischen Methode äußern würde.

Dieses Prinzip darf nicht eingleisig verfolgt werden, weil der Mensch, mit dem ich mich einlasse, keineswegs eingleisig anspricht. Für die

Konzepte der Theorie der Technik ist aber die pragmatische Zerlegung der Reaktionsweisen unumgänglich. Gerade dieser Zug macht aus der Technik eine Theorie. Ich habe zu zeigen versucht, daß ein Übertragungswiderstand niemals nur von den Äußerungen des Analysanden abhängig gemacht werden kann. Berichtet der Patient zum Beispiel, er habe eine Wut auf die bevorstehende Analysenstunde gehabt, so genügt das nicht, um einen Widerstand gegen die Fortsetzung der analytischen Arbeit anzunehmen. Auch wenn ein Analysand abschätzige Bemerkungen über den Analytiker oder über den Verlauf der Analyse vorbringt, heißt das noch nicht, er sperre sich gegen Analytiker und Analyse.

Als Analytiker stelle ich mich grundsätzlich so ein, als ob die analytische Arbeit gut voranginge, und nicht so, als ob dauernd Tendenzen des Analysanden bekämpft werden müßten, die den analytischen Weg mit Hindernissen belegen.

Obschon es darauf ankommt, im Analysanden eine Bewegung auszulösen, die Triebwünsche in die Beziehung hineinträgt, kann es gar nicht anders sein, als daß diesem Prozeß dauernd Hindernisse in den Weg gelegt werden. Zur Abgrenzung dieser Hemmungen und Störungen müssen zwei Gesichtspunkte hervorgehoben werden.

Der eine Gesichtspunkt betrifft die Vorstellungsinhalte, die der Verdrängung anheimfallen. Die Verdrängung hängt mit Triebwünschen zusammen, die sich in der Kindheit mit entsprechenden Vorstellungen verknüpft hatten und die, aus bestimmten Gründen, dem Bewußtsein nicht mehr zugänglich sind. Verdrängte Vorstellungen können nicht dadurch bewußt werden, daß der Analysand alles sagt, was ihm einfällt: Es zeigen sich Widerstände, die man Verdrängungswiderstände nennt. Gewöhnlich ist es nicht besonders schwierig, Verdrängungswiderstände zu beheben, wenn im Rahmen der analytischen Situation der emotionale Austausch zwischen Analytiker und Analysand ungehindert möglich ist.

Der andere Gesichtspunkt betrifft die Triebregungen. Wenn sich Triebwünsche in der Beziehung zum Analytiker melden, können leicht Störungen auftreten. Zeigen sich zum Beispiel frühzeitig zärtliche Wünsche, die sich auf den noch fremden Analytiker richten, empfindet der Analysand ein peinliches Gefühl, das keineswegs neurotisch zu sein braucht. Möglicherweise schämt sich der Analysand, derartige Empfindungen überhaupt zu haben. Solche Erlebnisweisen haben einen ganz anderen Stellenwert als das, was ich die emotionale Bewegung im analytischen

Prozeß genannt habe. Sie tragen Abwehrvorgänge in die Übertragung, die nicht von den Triebregungen, also nicht vom Es ausgehen, sondern die das Ich ausbildet. Es handelt sich folglich nicht um Abkömmlinge von Wünschen und Triebregungen, sondern um gegen diese Wünsche und Triebregungen gerichtete Abwehräußerungen, die sich bereits im früheren Leben, in der Kindheit, eingestellt hatten. Ichleistungen, die in der Form von Abwehrvorgängen in Erscheinung treten, bieten sich dann als Inhalte der Übertragung an. In einer solchen Situation sind deshalb die Anteile, welche die Übertragung charakterisieren, nicht Es-, sondern Ich-Abkömmlinge. Das kann dazu führen, daß die Aktivität des Analytikers im analytischen Prozeß als etwas Feindseliges empfunden und erlebt wird. Unter diesen Umständen kann man von Übertragungswiderständen im eigentlichen Sinn sprechen. Ebenso verhält es sich freilich auch mit negativen Einstellungen.

Ein junges Mädchen, welches unter heftigen Angstzuständen leidet, weigert sich, einen Arzt aufzusuchen. Schließlich wird sie von ihrer Mutter überredet und kommt in Analyse. In den Analysenstunden berichtet sie ruhig, liebenswürdig und kollaborativ über ihre Lebensgeschichte. Sie erzählt von ihren Konflikten und von ihrem Sexualleben, scheut sich nicht, intime Gefühle und peinliche Erlebnisse preiszugeben, doch von ihren Ängsten spricht sie nicht.
Deutet der Analytiker nun ganz vorsichtig, daß er vermutet, es könnten hinter all den Erlebnissen der Patientin heimliche Befürchtungen oder Ängste liegen, kann es vorkommen, daß die Analysandin unmittelbar eine andere Haltung einnimmt. Sie lacht ihn aus und sagt zum Beispiel, ihre Mutter habe ihn wahrscheinlich beeinflußt und unwahre Geschichten über sie erzählt. Sie könnte auch sagen, der Analytiker sei gewiß an Angstzuständen besonders interessiert und versuche nun auf diese Weise die Analyse in Gang zu bringen. Wenn der Analytiker in einer solchen Situation versucht, die Äußerungen der Patientin mit ihrem eigentlichen Problem, der Angst, in Zusammenhang zu bringen, macht er bald die Erfahrung, daß alles, was er zu dem von der Analysandin Berichteten vorbringt, mit höhnischen Bemerkungen abgewiesen wird.
Wenn ich als Analytiker in einer solchen Situation annehmen würde, die offensichtliche Abwehr meiner Analysandin richte sich gegen unbewußte Wünsche, von mir so geliebt zu werden, wie sie als Kind von ihrem Vater geliebt worden war oder gewünscht hatte, geliebt zu werden, käme eine Deutung in Betracht, die sich zunächst auf die ver-

drängten oder verleugneten Ängste bezieht. Eine solche Deutung könnte etwa diesen Wortlaut haben: »Sie müssen auf alles, was ich Ihnen sage, mit spöttischen Bemerkungen reagieren, weil Sie sich nicht zugeben und mir nicht zeigen können, daß Sie heftige Ängste haben.«

Darauf würde die Analysandin etwa antworten: »Es kommt mir sehr eigenartig vor, was Sie mir zumuten. Ich glaube, Sie haben überhaupt kein Verständnis für mich.«

Es ist offensichtlich, daß in solchen Situationen die Analyse leicht in eine kämpferische Auseinandersetzung übergehen kann, die gewöhnlich damit endet, daß der Analytiker ratlos wird.

Wo liegt der Fehler?

Es geht hier nicht um Fragen der Formulierung einer Deutung, sondern um Zusammenhänge, die für die Theorie der Technik überaus bedeutungsvoll sind.

Bei einem solchen Übertragungswiderstand hilft es nichts, die Äußerungen des Es, der Triebregungen, der Wünsche anzusprechen, um den Analysanden zu einer besseren Zusammenarbeit anzuregen, ihn emotional stärker zu motivieren, wie dies beim 28jährigen Mann der Fall war, der vor der Analysenstunde unter Arbeitsstörungen litt. Im Falle eines Übertragungswiderstandes geht es immer darum, zuerst das Ich anzusprechen, weil Hohn und Spott Ausdruck einer Ichaktivität sind und ganz offensichtlich eine Abwehr darstellen. Technisch gesehen ist es von größter Bedeutung zu verstehen, daß die Äußerungen des Übertragungswiderstandes mit der Beziehung, die sich zwischen Analysand und Analytiker entwickelt hat, zunächst überhaupt nichts zu tun haben.

Ein Übertragungswiderstand ist eine Äußerung des Analysanden in der analytischen Situation, die im Grunde absurd ist. Sie ist absurd, weil sie einem Wiederholungszwang entspricht und als Fremdkörper in die Beziehung zum Analytiker hineingetragen wird. Dieser Fremdkörper ist eine Ichaktivität, die irgendeinmal im Leben des Analysanden, meistens bereits in der Kindheit, gegen bestimmte Triebwünsche eingesetzt worden war und die jetzt Übertragungscharakter erlangt. Jetzt werden anstelle der Triebwünsche jene Ichleistungen reaktiviert und in der analytischen Beziehung angeboten.

Im Beispiel des jungen Mädchens zeigte sich nämlich, daß sie keineswegs nur auf die Bemerkungen des Analytikers mit Hohn und Spott reagierte, sondern sie reagierte in gleicher Weise auf ihre eigenen Gefühle, auf ihre Wünsche und auf die Regungen ihres Selbstgefühls.

In der Lebensgeschichte findet man die Hintergründe dieser innerpsychischen Verhältnisse. Ihr Vater, der längst gestorben war, hatte in erzieherischer Absicht die Regungen des Mädchens getadelt, und weil der Tadel allein nicht zu der erwarteten Unterwerfung geführt hatte, überschüttete er seine kleine Tochter mit Hohn und Spott.

Mit meinem früheren Beispiel des jungen Mannes, der eine Einsicht gewinnen konnte, nachdem er sich mit dem Analytiker identifiziert hatte, wollte ich zeigen, daß sich der Analysand, dank der Identifikation, mit dem Analytiker gleich fühlte und daß diese Identifikation dafür verantwortlich war, daß auch in Phasen, in welchen sich Übertragungswiderstände zeigten und zuspitzten, die Einstellung des Analysanden zur Deutungsarbeit keine wesentliche Störung erfahren hat. Er konnte die Äußerung seines Widerstandes als etwas erleben, das ihn befremdete.

Im Falle des jungen Mädchens, das ebenfalls einen Übertragungswiderstand entwickelte, kann man nicht von einer Identifikation mit dem Analytiker sprechen. Das heißt nun aber keineswegs, daß sich die Beziehung zwischen den beiden analytischen Partnern nicht entwickelt hätte. Eine Identifikation mit dem Analytiker war ihr bisher nicht möglich, weil die Beziehung, die sich einstellte, dazu noch nicht ausreichte. Die Identifikation mit dem Aggressor, mit dem Vater aus der Kindheit, erwies sich als viel stärker. Die Analysandin brachte infolgedessen das Bild des verinnerlichten, höhnischen und spöttischen Vaters in die analytische Beziehung. Sie ist nicht mehr sie selbst, sondern das Ersatzbild der frustrierenden Hauptperson.

Solche und ähnliche Phänomene charakterisieren das, was man Übertragungswiderstände nennt. Es ist natürlich keineswegs so, daß sie sich nur an den Vorgängen von Identifikationen entwickeln. Doch spielen Identifikationen, besonders solche mit beängstigenden, frustierenden Figuren aus der Kindheit, in der Ausbildung solcher Widerstände eine ganz wesentliche Rolle.

Es wäre verfehlt, diesen Hohn und Spott als Ausdruck von Aggressionen gegen den Analytiker oder der Entwertung seiner Person oder des Unwillens der Analysandin, weiter in Analyse zu kommen, zu interpretieren. Diese Äußerungen charakterisieren folglich die analytische Beziehung in keiner Weise. Es handelt sich vielmehr um einen Fremdkörper, der aus Ichleistungen der Vergangenheit aufgebaut ist und sich nun in der analytischen Beziehung als etwas Befremdendes bemerkbar macht. Das Befremden wird vom Analytiker wahrgenommen. Die Analysandin bemerkt es nicht. In ihrem Erleben scheint dieser Hohn-und-

Spott-Fremdkörper integriert zu sein als etwas, das zu ihr gehört. Eine Deutung müßte sich auf das Befremdende beziehen, das im Erleben des Mädchens der Verdrängung anheimgefallen ist. Anders ausgedrückt, eine Deutung müßte sich darauf beziehen, daß dieser stereotype Hohn und Spott weder zu dem Bild paßt, das ich von meinem Partner in der Analyse habe, noch zu dem Bild passen kann, das das Mädchen von sich selbst hat. Eine solche Deutung könnte vielleicht so lauten:
»Wenn Sie mir aus Ihrem Leben erzählen und mir berichten, was Sie fühlen und denken, kann ich alles, was Sie sagen, sehr gut verstehen, weil es so ganz zu dem Bild paßt, das ich von Ihnen erhalten habe, und weil ich auch spüre, daß es zu dem Bild paßt, das Sie von sich selbst haben. Wenn Sie dann plötzlich Ihre Mutter höhnisch auslachen oder alles lächerlich finden, was Sie selbst fühlen oder was ich Ihnen sage, kommt es mir vor, als seien Sie gar nicht mehr Sie selbst. Etwas merkwürdig Befremdendes, das gar nicht zu Ihnen paßt, scheint sich dann in den Vordergrund zu drängen. Ich glaube, daß Sie das spüren und daß Sie gerade darunter auch oft sehr leiden.«

Ein derartiger Übertragungswiderstand hat ganz spezifische Eigentümlichkeiten, die in erster Linie durch die Affekte gekennzeichnet sind, die sich im Analysanden bemerkbar machen. Affekte sind nicht mit Trieben gleichzusetzen. Die Affekte sind auch in ihrer Tendenz nicht mit Triebregungen zu verwechseln. Triebwünsche zielen auf eine Wunscherfüllung und werden lustvoll erlebt. Affekte können lustvoll oder unlustvoll sein, je nachdem, wie sie sich äußern: Haß, Liebe, Scham, Wut, Rache usw. Diese Affekte, die auch im Hohn und Spott sehr deutlich hervortreten, sind mit einer alten Ichleistung verknüpft. Man darf, technisch gesehen, diese Ichleistung unter keinen Umständen entwerten, indem man annimmt, es handle sich um ein Agieren oder um ein infantiles, undiszipliniertes Verhalten oder um undifferenzierte Äußerungen einer ungebildeten oder unerzogenen Person. Diese Affekte, die aus der frühen Ichaktivität stammen, sind vielmehr als das aufzufassen, was sie sind, das Beste nämlich, was der Patient anzubieten hat. Deshalb hat der Analytiker diese Äußerungen zunächst voll zu respektieren.
Um zu verstehen, inwiefern sie das Beste sind, was der Analysand anzubieten habe, muß man die Affekte, die er zeigt, mit den Beziehungen verknüpfen, die ursprünglich, meist in der Kindheit, zu diesen Affekten geführt hatten. Dabei wird man erkennen, daß diese Ichleistung einst

aufgerichtet wurde, um eine schwere Störung im psychischen Erleben zu vermeiden, um sich vor tiefen Regressionen zu schützen, um das Ich in seiner Gesamtfunktion zu erhalten.

Die Verknüpfung von Erlebnis und Affekt, die sich im Verlauf der Analyse als Übertragungswiderstand äußert, ist, im Falle einer solchen Identifikation, das charakteristische Schicksal der Identifizierungen, welches nun aufgedeckt werden kann. Erst wenn im analytischen Prozeß diese Klärung möglich ist und die Verknüpfung gedeutet werden kann, ist es auch möglich, daß der Analysand sich nun mit dem Analytiker identifiziert. Dann löst sich – in unserem Beispiel – die alte, fixierte Identifikation mit dem frustrierenden Vater und es bildet sich eine neue Identifikation, die mit der Person des Analytikers, der dem Analysanden eine Einsicht in das, was in ihm vorgeht, geben konnte.

Das ist der Weg, auf welchem ein solcher Übertragungswiderstand gedeutet werden kann.

Verschiedene Stufen der Ausformung eines Übertragungswiderstandes können unterschieden werden. Die einfachste Form entspricht etwa dem, was ich in dem Beispiel des jungen Mädchens, das mit Hohn und Spott reagierte, dargelegt habe.

Eine kompliziertere Form von Übertragungswiderständen zeichnet sich dort ab, wo fixierte Charakterhaltungen die analytische Beziehung beeinflussen. In solchen Fällen würde ein Patient nicht mehr mit Hohn und Spott antworten, sondern in eine distanzierte Haltung treten und sich so einstellen, als ob er ganz unbeteiligt wäre. Das ist natürlich nur ein Beispiel aus einer großen Vielfalt von analogen Erscheinungen. Gemeinsam ist all diesen Formen von Charakterwiderständen die einheitliche Tendenz, die in einer solchen Haltung zum Ausdruck kommt. Diese einheitliche Tendenz kann sich zum Beispiel als Verachtung zeigen, oder als Überheblichkeit, als autoritäres Einschüchtern-Wollen, als peinliches Vermeiden, körperlich und seelisch mit dem Partner in Berührung zu kommen, und dergleichen mehr.

Eine Möglichkeit will ich etwas genauer betrachten. Ich nehme an, die einheitliche Tendenz weise auf Verachtung. Alles, was der Patient in seiner Haltung zum Ausdruck bringt, dient dann der uneingestandenen Verachtung. Ich darf mich da nicht täuschen lassen und annehmen, der Patient drücke neben seiner Verachtung noch andere Gefühle aus, nur weil ich den inneren Zusammenhang noch nicht verstehe. Gewiß lassen sich in solchen Entwicklungen auch andere Gefühle erkennen, zum Beispiel werbende Tendenzen nach zärtlicher Zuwendung oder Gefühle von Rührung. Technisch gesehen ist es aber bedeutsam, daß ich allen diesen Begleitgefühlen zunächst nicht den Stellenwert einräume, den sie möglicherweise in späteren Phasen der Analyse haben werden. Auch hier ist es entscheidend, der Haupttendenz – in meinem Beispiel der Verachtung – den Vorrang zu geben, weil dieser Zug für den aktuellen Übertragungswiderstand maßgebend ist. Die Tendenz, die dem Charakterwiderstand zugrunde liegt, ist unbewußt. Das ist wichtig, denn der Patient kann niemals offen von Gefühlen sprechen, die verdrängt sind und die, gerade weil sie verdrängt sind, in dieser für ihn typischen Haltung Ausdruck erlangen müssen. Auch hier darf ich mich also nicht täuschen lassen und annehmen, der Analysand könne ganz offen jene Verachtung aussprechen, die er in seiner Haltung ausdrückt. Wenn er das täte, handelte es sich um eine Rationalisierung, die dazu dienen würde, mich abzulenken.

Unter derartigen psychischen Voraussetzungen, zu denen auch Tendenzen gehören, die dem Geständniszwang folgen, haben die Patienten gewöhnlich Angst vor der Analyse. Oft sprechen sie gleich von Anfang an viel zu intensiv auf die Person des Analytikers an und geraten in der analytischen Beziehung in eine emotionale Bewegung, die sie nicht ertragen. Der Analytiker hat dann dafür zu sorgen, daß sich die Beziehung entspannt. Ich erreiche das nie mit Schweigen. In solchen Fällen muß ich den Patienten ansprechen. Deuten kann ich später, und schweigen darf ich immer nur dann, wenn die emotionale Lage des Patienten das Zuwarten und das Schweigen gestattet. Es kann oft viele Stunden oder Wochen dauern, bis der Analysand mir erlaubt, ihm zuzuhören und zu schweigen.

Die weitaus schwierigsten Formen von Übertragungswiderständen zeigen sich dort, wo sie sich nicht mehr in Affektäußerungen oder Charakterhaltungen, sondern in eigentlichen Aktionen darzustellen beginnen. Die Patienten agieren dann den Übertragungswiderstand aus. Die Vorstellungen, Affekte und Haltungen werden durch Überhöhungen der Aktivität ausgedrückt und ziehen die emotionale Bewegung, die der Analysand in der Beziehung zu seinem Analytiker entwickelt hat, ins Agieren mit hinein, wodurch der analytische Prozeß leicht chaotisch wird.

Ich hebe nochmals hervor, daß ich mit diesen Ausführungen nur die allgemeinen Gesetzmäßigkeiten beschreibe, die bei der Entwicklung von Übertragungswiderständen von Bedeutung sind. Selbstverständlich können alle Abwehrmechanismen, die Verleugnung, die Verschiebung, die Umkehrung ins Gegenteil, die Projektion, die Icheinschränkung usw., zur Ausbildung und Ausformung von Übertragungswiderständen eingesetzt werden.

Ich will versuchen, das, worauf es mir ankommt, nochmals in anderer Weise auszudrücken.

Wenn sich die Ausbildung einer Übertragung ankündigt, sind Es-Regungen, Triebwünsche, Bedürfnisspannungen die Kräfte, die die Beziehung vertiefen und den Analysanden zur Kollaboration mit der Arbeit des Analytikers führen. Wenn eine Störung auftritt, wird sie vom Analysanden als etwas Befremdendes empfunden. In der Regel gehen solche Störungen auf die Auswirkungen verdrängter Vorstellungen zurück.

Treten aber in der Entwicklung der Übertragung Abwehrprozesse in Erscheinung, die der Analysand nicht erst in der analytischen Beziehung ausbildet, sondern aus der Vergangenheit seines Erlebnisbereichs mitbringt, handelt es sich jeweils um Ichleistungen. Die Störungen, die sie in die analytische Beziehung hineintragen, treten als Übertragungswiderstände in Erscheinung. Diese Ichleistungen empfindet der Analysand nicht als etwas Befremdendes, sondern als etwas zu ihm Gehöriges, das zu ihm paßt und ihm adäquat ist. Ein Übertragungswiderstand ist immer eine Äußerung, die das Ich des Patienten als etwas zu ihm Gehöriges erlebt. Es ist die Aufgabe des Analytikers, dem Analysanden im Deutungsprozeß zu zeigen, was inadäquat ist, das heißt, ihm zu zeigen, was an dem früher Erlebten gar nicht in die Beziehung zwischen ihm und dem Analytiker paßt.

Technisch gesehen, und das ist entscheidend, kommt es also beim Übertragungswiderstand darauf an, ein befremdendes Gefühl beim Analysanden zu wecken, während es bei einem Verdrängungswiderstand darum geht, das befremdende Gefühl des Analysanden zu beheben. Diese Ziele sollten immer zuerst erreicht sein, bevor der Analytiker seine Rolle als eine wichtige Übertragungsfigur der Kindheit annimmt. Werden bei einem Übertragungswiderstand, wie beispielsweise bei dem Mädchen, das mit Hohn und Spott reagierte, Deutungen gegeben, die darauf zielen, die Rolle des Analytikers mit jener des frustrierenden Vaters gleichzusetzen, wird die unbewußte Tendenz mit der Wirklichkeit verwechselt. Das bedeutet aber nichts anderes, als daß der Analytiker in seiner Gegenübertragung mitagiert.

Der Analysand ist mit dem, was er im Übertragungswiderstand vorführt, einig und widerspruchsfrei. Wäre es nicht so, handelte es sich nicht um einen Übertragungswiderstand. Das ist eine Definition. Sie kann für die Orientierung in der Deutungsarbeit wichtig sein. Treten nämlich befremdende Gefühle im Übertragungswiderstand auf, so können diese Zeichen als ein Signal dafür gelten, daß die Einsicht zunimmt und der Widerstand im Abklingen begriffen ist. Gleichzeitig sind solche Signale ein Hinweis darauf, daß Sinndeutungen gegeben werden können.

Wenn der Patient zum Beispiel sagt, er empfinde ein merkwürdig befremdendes Gefühl während der Analysenstunde, besteht bereits die Möglichkeit, daß die neurotische Synthese zwischen Verhalten und Emotionalität sich nicht mehr aufrechterhalten läßt, die einst, in einer unlösbaren Konfliktsituation, gleichsam künstlich hergestellt werden mußte. Es wäre also voreilig anzunehmen, der Analysand habe etwas gegen die Analysenstunde, nur weil er sein befremdendes Empfinden assoziativ mit einer Unlust verknüpft, die er, in Erwartung der analytischen Sitzung, an diesem Tag gehabt hatte.

Ich bemerke jetzt in steigendem Maße, daß die Darlegung der Dynamik von Widerständen, wie ich sie entwickelt habe, eine Richtung einzuschlagen beginnt, die zu Mißverständnissen führt. Man könnte nämlich annehmen, es gehe im analytischen Deutungsprozeß darum, im Falle eines Übertragungswiderstandes so lange zuzuwarten oder durch »geeignete« Interventionen den Analysanden in einer gewissen Richtung zu fördern, bis ihn seine eigenen Gefühle und sein Verhalten befremden. Im Falle eines Verdrängungswiderstandes wäre es dann umgekehrt. Da empfände der Analysand primär befremdende Impulse, die später, durch Einsicht in seine unbewußten Regungen, ich-synton stimmig würden. In dieser Weise kann die psychoanalytische Theorie der Technik nicht weiterentwickelt werden, denn was sie entscheidend ausmacht, ist nicht Logik und Kausaldenken, sondern ihr Netz von Widersprüchen, die, entlang den Linien primärprozeßhafter Verknüpfungen, dort Bewußtsein schaffen, wo zuvor Verständnislosigkeit herrschte.

7. Die Dynamik der Widersprüche im Deutungsprozeß

Im analytischen Prozeß haben die Abwehrvorgänge nicht die gleiche Bedeutung wie in der Metapsychologie. Für die psychoanalytische Theorie der Technik ist alles, was mit der Abwehr zusammenhängt, von Widersprüchen durchsetzt. Die Widersprüche, die sich zeigen, sind erwünscht. Sie sind ein Bestandteil des analytischen Prozesses.

In der Metapsychologie sind Widersprüche störend. Sie werden beseitigt, indem man verschiedene Gesichtspunkte einführt, unter welchen ein und derselbe Prozeß im psychischen Bereich untersucht und theoretisch beschrieben wird. Metapsychologisch kann die Abwehr das eine Mal als integrierender Bestandteil der gesunden Ichfunktionen, das andere Mal als Ausdruck von psychopathologischen Vorgängen verstanden werden. Die Erklärung dafür ist einfach. Mit Abwehrvorgängen schützt sich das Ich vor überwältigenden Einflüssen aus der Triebsphäre und aus der Umwelt. Bei psychopathologischen Entwicklungen hingegen werden, zum Beispiel, verdrängte Triebregungen, die an und für sich keine Gefahren für das Ich darstellen, so behandelt, als wären sie solche Gefahren. Das macht es, daß eine Neurose entsteht.

Man kann die Verhältnisse in dieser Weise beschreiben, wenn man einen ökonomischen Gesichtspunkt wählt und genetische Aspekte miteinbezieht. In anderen Fällen reicht diese Betrachtungsweise nicht aus. Ganz besonders dann, wenn sehr komplexe Störungen zur Diskussion stehen, lassen sich die Widersprüche nicht mehr dadurch beheben, daß man die einzelnen Phänomene unter verschiedenen Gesichtspunkten betrachtet. Die Synthese gelingt nicht. Als Beispiel kann man schwere psychische Defektentwicklungen heranziehen, wie sie in den narzißtischen Neurosen klinisch beschrieben werden. Dabei treten in der Beurteilung der Funktion von Abwehrvorgängen unter den bedeutendsten Forschern unlösbare Kontroversen auf.

Die einen sagen, die sichtbaren Symptombildungen seien Ausdruck von pathologischen Abwehrprozessen. Sie sprechen immer dann von Abwehrvorgängen, wenn in der zwischenmenschlichen Beziehung Gefühle der Zuwendung und zärtliche Regungen blockiert sind; oder wenn die Anpassung an die Bedürfnisse des Partners fehlt oder ungenügend entwickelt ist; oder wenn Verständnislosigkeit für das, was in einem vorgeht, in besonders auffälliger Weise zu Tage tritt.

Die anderen sagen, eine Abwehr erfordere eine innere Organisation im Ich. Ihnen zufolge treten bei schweren Defektentwicklungen die Symptome gerade deshalb so dramatisch in Erscheinung, weil die ganze Abwehr zusammengebrochen oder überhaupt so mangelhaft ausgebildet sei, daß man im analytischen Prozeß die Abwehrorganisation zuerst aufbauen müsse, damit ein besser funktionierendes Ich entstehe, mit welchem man analytisch arbeiten kann.

Die psychoanalytische Theorie der Technik orientiert sich nach anderen Gesichtspunkten. Sie fördert nicht Verständnis, sondern formuliert Konzepte, mit deren Hilfe etwas bewirkt werden kann, das erst dann zu Verständnis führt.

Es gibt seit Jahrzehnten eine technische Grundregel, die den Analytiker anweist, immer zuerst die Verhaltensweise des Patienten, die Übertragungswiderstände, durchzuarbeiten, bevor man Sinndeutungen gibt. Unter Sinndeutungen versteht man rekonstruktive Deutungen, die die Zusammenhänge mit den historischen Erlebnissen der Lebensgeschichte aufzeigen. Im Beispiel des Hohn-und-Spott-Mädchens – es ist dem Buch Anna Freuds über die Abwehrmechanismen entnommen – habe ich aufgezeigt, daß das spöttische Verhalten auf eine Identifikation mit dem strengen Vater zurückgeht, der einst seine kleine Tochter mit Hohn und Spott frustrierte: Das junge Mädchen hat sich mit dem Aggressor identifiziert und behandelt seither ihre eigenen Gefühle mit Hohn und Spott. Man kann nun sagen, sie habe den Analytiker so mit Hohn und Spott überschüttet, wie sie selbst vom Vater mit Hohn und Spott überschüttet worden war. Mit dem Vater der Kindheit identifiziert, übernahm sie die Rolle dieses Vaters in der Übertragung und bildete dadurch einen Übertragungswiderstand aus, daß sie den Analytiker so erlebte, wie der Vater seine kleine Tochter erlebt hatte. Wollte man der erwähnten technischen Grundregel folgen, hätte man den Übertragungswiderstand so durchzuarbeiten, daß sich die Zusammenhänge klären. Erst danach wären Sinndeutungen angebracht.

Ich frage: Ist die Aufdeckung der aus der Kindheit stammenden Identifikation mit dem Vater eine Verhaltensdeutung oder eine Sinndeutung?

Auf diese Frage kann ich vielleicht so antworten, daß ich sage, die Durcharbeitung des Übertragungswiderstandes enthalte eine Sinndeutung. Obschon ich mit dieser Aussage nichts Falsches ausdrücke, bleibt die Frage unklar beantwortet, weil bei der Beurteilung der Dynamik von Deutungsprozessen Widersprüche in Erscheinung treten, wenn Zu-

sammenhänge mit den historischen Erlebnissen der Lebensgeschichte ins Gewicht fallen. Die einen sagen, die Aufdeckung historischer Zusammenhänge aus der Lebensgeschichte des Analysanden sei in erster Linie dafür verantwortlich, daß Unbewußtes bewußt wird und dadurch Veränderungen im Erlebnisbereich des Analysanden eintreten, die die bestehende Neurose beheben. Die anderen sagen, die entscheidenden Veränderungen im Erlebnisbereich hingen mit den Übertragungsentwicklungen und den entsprechenden Deutungen der Übertragungswiderstände zusammen; die historischen Zusammenhänge der Lebensgeschichte erhellten dabei die dynamischen Hintergründe, die eine bestimmte Übertragungsentwicklung überhaupt erst verständlich machten. Wieder andere werden sagen, es liege in diesen Auffassungen kein Widerspruch vor, denn das eine hänge selbstverständlich mit dem anderen zusammen. Die analytische Einstellung erfordere, daß alle diese Gesichtspunkte dauernd in Erwägung gezogen werden und daß je nach den sich zeigenden Verhältnissen einmal die Rekonstruktion historischer Erlebnisweisen, dann wieder die damit verknüpften Übertragungsreaktionen gedeutet werden. Wichtig sei in jedem Falle das sogenannte »timing«, das heißt, man gebe die richtige Deutung im richtigen Zeitpunkt.
Wie aber soll ich wissen, was das Richtige ist? Und wenn ich das Richtige weiß, wie kann ich dann wissen, wann der richtige Zeitpunkt gekommen ist, dem Analysanden diese richtige Deutung mitzuteilen? Die Antwort auf solche Fragen ist oft unbestimmt. Als ich noch jung war, erklärte mir einmal ein von mir bewunderter Analytiker, es komme auf die Erfahrung an, mit der Zeit spüre man das. Die Supervision würde dem unerfahrenen Anfänger dazu verhelfen, das »timing« mit der Zeit zu erlernen. Ein anderer Analytiker, der unser Gespräch mitanhörte, fügte dann hinzu, es komme auf die Begabung an. Wer begabt genug sei, könne es.
Vieles mag zutreffen, doch ist eine solche Auffassung verwaschen. Die Theorie der Technik müßte Konzepte formulieren können, die faßbar machen, was da unfaßbar zu sein scheint. Der Deutungsprozeß müßte einen Vorstellungsgehalt gewinnen, der es mir ermöglicht, ihn auch entsprechend zu verstehen und die dafür notwendigen technischen Mittel anzuwenden.
Der Vorstellungsgehalt, der in all diesen sich zeitweise widersprechenden und unbestimmten Auffassungen verborgen sein muß, stellt meiner Ansicht nach den inneren Widerspruch in den Mittelpunkt, der zwischen bewußt und unbewußt besteht.

Das Unbewußte ist nicht bewußt, drückt sich aber in allem aus, was bewußt ist. Das Bewußte kennt das Unbewußte nicht, ist aber von ihm mitbestimmt. Unbewußtes läßt sich aus Bewußtem ableiten, obschon gerade das Bewußte keinen Zugang zum Unbewußten schafft. Wenn man sich das naiv anhört, ist der Widerspruch offensichtlich.
In der psychoanalytischen Technik betrachte ich die Dinge naiv.

Ich frage: Was für ein Konzept kann ich nun daraus ableiten?
Die Deutung der Verknüpfung eines bestimmten Affektgehaltes mit einer historischen Begebenheit, mit einem bestimmten Erlebnisbereich aus der Vergangenheit, hat, wie jede Deutung, einen Sinn, ist aber keine rekonstruktive Sinndeutung. Im Deutungsprozeß wird die Verknüpfung der Affektäußerung mit dem historischen Erlebnisbereich so lange umkreist, bis eine Deutung die Verknüpfung trifft. Das kann oft Wochen dauern. Wenn ich nur konsequent genug dem Prinzip folge, die Verknüpfung zwischen Affekt und Vorstellungsinhalt in immer engeren Kreisen zu erfassen, kann es nicht ausbleiben, daß sich die Affektverknüpfung durch eine der vielen Deutungsversuche, die ich unternehme, plötzlich löst. Der freiwerdende Affekt teilt sich jetzt dem Ich mit und bewirkt, daß sich das Ich den unbewußten Impulsen gegenüber triebfreundlicher einstellt. Diese neue Einstellung des Ich wird in der Übertragung sichtbar. Die Übertragung färbt sich neu. Sie verändert sich nicht in ihrer Struktur. Dieser Effekt im Übertragungsgeschehen ist unverkennbar. Tritt er nicht ein, war die Deutung falsch. Tritt der Effekt im Übertragungsgeschehen ein, war die vorangehende Deutung richtig. In der analytischen Arbeit nehme ich solche Verifikationen ernst. Ich bin darauf angewiesen. Denn es gibt sonst nichts, was mir anzeigen würde, daß meine Deutung nicht nur Ausdruck meiner Phantasie war.
Ist es so weit gekommen, daß meine Deutung den zentralen Punkt der Verknüpfung des Affektes mit der alten Vorstellung aus dem vergangenen Erlebnisbereich getroffen hat und die Neufärbung der Übertragung den Beweis dafür liefert, weiß ich, daß ich die richtige Deutung im richtigen Zeitpunkt gegeben habe. Ich kann das »timing« nie voraussagen. Ich möchte auch nicht in die Lage kommen, meine analytische Arbeit illusionär so zu interpretieren, als wäre es mir möglich, die richtige Deutung im richtigen Moment vorauszusehen oder vorauszusagen.
Nun stellt sich die Frage, worin sich eine rekonstruktive Sinndeutung

von dem soeben beschriebenen Deutungsprozeß unterscheidet. Um diese Frage wirklich zu beantworten, will ich versuchen, in einer kurzen Zusammenfassung, meiner Betrachtungsweise eine neue Richtung zu geben:

Ich spreche von einem Übertragungswiderstand, solange eine pathogene Verknüpfung der Affektäußerung mit diesem und keinem anderen Inhalt eines Erlebnisbereiches weiterbesteht. Dieser Erlebnisbereich liegt in den meisten Fällen in der Vergangenheit, in der Kindheit des Analysanden. Die Deutung der Verknüpfung des Affektgehaltes mit der fixierten Vorstellung, die den Übertragungswiderstand auflöst und in eine Färbung der Übertragung umwandelt, bewirkt die Weiterentwicklung und Vertiefung des analytischen Prozesses. Diese Deutung hat einen progressiven Charakter.

Die rekonstruktive Sinndeutung hat demgegenüber grundsätzlich einen stabilisierenden Charakter. Eine rekonstruktive Sinndeutung gebe ich nur in einer Phase der Entspannung im emotionalen Geschehen der Übertragung. In dieser Phase der Entspannung bietet sich nämlich Erinnerungsmaterial an, das zu der neuen emotionalen Färbung, der Neuformulierung im Übertragungsgeschehen, paßt. Diese Erinnerungen folgen dem Muster des gesamten Erlebnisbereiches des vergangenen Lebens. Die bisher gesammelten Erkenntnisse und das Verständnis des Analytikers für das, was sich im Analysanden schicksalhaft aus den Beziehungen zu den großen Figuren der Kindheit niedergeschlagen hatte, bestimmen die Priorität, welche nun all jenen Erinnerungen und Assoziationen zukommt, die, zu einem Kreis sich schließend, eine rekonstruktive Sinndeutung ergeben. Der Analysand erhält damit eine tiefe Einsicht in Zusammenhänge seines Erlebnisbereiches, und diese Einsicht hat den Sinn, das, was der analytische Prozeß bis dahin erreicht hat, zu stabilisieren. Solche Stabilisatoren sind wichtig, damit der analytische Prozeß fortgesetzt werden kann. Phasen, in denen das bisher Erreichte, das heißt ein Stück Wandlung im dynamischen Sinn, stabilisiert wird, leitet der Analysand gewöhnlich mit rekapitulativen Assoziationen und Reaktionen ein. Diese dürfen nicht mit Affektverknüpfungen verwechselt werden. Rekapitulative Assoziationsreihen und Reaktionen gehen im allgemeinen mit einer entspannten emotionalen Bewegung in der analytischen Beziehung einher, während Affektfixierungen, die sich mit bestimmten Erinnerungsspuren verbinden, in den meisten Fällen von Spannungen in der analytischen Beziehung begleitet sind.

Progressive Deutungen, die den analytischen Prozeß weiterführen und vertiefen, bewirken Veränderungen im Ich, denn progressiv wirkende Deutungen zielen auf Veränderungen im affektiven Haushalt. Sie haben einen ökonomischen Charakter, das heißt, daß sie sich auf Besetzungsmuster beziehen, die das psychische Gleichgewicht wesentlich beeinflussen.

Stabilisierende Deutungen haben den Sinn, Prozesse und Vorgänge, die mit der Umorientierung bestimmter Besetzungsmodalitäten in enger Verbindung stehen, aus dem aktuellen Bezug zur analytischen Beziehung herauszuziehen und sie mit den Triebregungen, das heißt mit dem Es, in Verbindung zu bringen. Der stabilisierende Charakter dieser rekonstruktiven Sinndeutungen liegt darin, daß sich die Wandlungen, die sich im analytischen Prozeß eingestellt haben, auf andere Erlebnisbereiche außerhalb der analytischen Beziehung konfliktfrei ausdehnen können.

Die Neuformulierungen der Konfliktneigungen im Ich gewinnen im Erlebnisbereich des Analysanden einen Realitätsbezug, der über die Erfahrungen in der analytischen Beziehung hinausgeht. Die neuen Erfahrungen des Analysanden sind die Erfahrungen seines Ich, eine zum Teil gelungene Versöhnung mit seinem Es zustande gebracht zu haben. Der Einfluß derartiger Vorgänge auf das Selbstwertgefühl und auf die autonomen Funktionen, auf die gewonnene Flexibilität und Elastizität in der Einschätzung der eigenen Möglichkeiten und Beschränkungen, wird im weiteren Verlauf der Analyse überall sichtbar und spürbar. Geht der analytische Prozeß weiter, strukturiert sich die Übertragung um und nimmt neue Formen an, die darauf hinweisen, daß sich im Zuge dieser Wandlungen eine neuartige Beziehung zwischen Analysand und Analytiker entwickelt, die einem anderen Vorbild der großen Figuren aus der Kindheit entspricht, als es in der früheren Phase des analytischen Prozesses der Fall war.

Bedeutsam werden an dieser Stelle für mich die Erkenntnisse der Metapsychologie über die sich einstellenden Übertragungen nach dem Vorbild der frühkindlichen Beziehung zum Vater, zur Mutter, zu einem Geschwister oder zu einer anderen wichtigen Figur der Lebensgeschichte. Diese Erkenntnisse ermöglichen die Orientierung in den zu erwartenden Ausformungen des Wiederholungszwanges und sind für die Einstellung des Analytikers zu seinem Analysanden in der nun folgenden Phase der Analyse hilfreich und wertvoll.

Die psychoanalytische Theorie der Technik baut ihre Thesen auf der lebendigen Beziehung der zwei Partner im analytischen Prozeß auf. Sie benutzt jedoch für alle ihre Aussagen die Metapsychologie. Auf diese Erkenntnisse kann sie nicht verzichten. Die Metapsychologie mit ihren im Grunde unveränderlichen, starren Gesetzen sagt aus, wie das menschliche Seelenleben beschaffen ist. So war es schon immer, so geht es weiter, als würde sich nie etwas ändern. Natürlich wandeln sich die Formen, und andere Menschen machen die gleichen Erfahrungen in all der Vielfalt ihrer verschiedenen Möglichkeiten. Die Metapsychologie hat etwas Konservatives. Das ist aber nur so, wenn man sie als Weltanschauung auffaßt. Als Voraussetzung der psychoanalytischen Technik ist Metapsychologie ein Instrument. Instrumente sind dann gut, wenn sie – wie bei Werkzeugen, mit welchen man mechanische Teile auseinandernimmt und zusammensetzt – starr und stumm sind. Die ältesten und konservativsten Werkzeuge sind oft die wirksamsten.

8. Die Durcharbeitung eines Übertragungswiderstandes

Der Versuch, die psychoanalytische Technik, im Sinne einer Theorie, in eine einheitliche und zusammenfassende Betrachtung zu gliedern, scheitert fortwährend daran, daß der einmal eingeschlagene Weg nicht weiterführt. Auf Umwegen kann man zum Ausgangspunkt zurückkehren. Das will ich tun und das erste, ausführliche Beispiel wieder aufgreifen, welches mir zu Beginn dazu diente aufzuzeigen, daß nicht alles, was sich in einer wohlmeinenden Zuwendung des Analytikers entwickelt, beim Analysanden zu einem analytischen Prozeß führt.

Es handelt sich um die analytische Behandlung eines Mannes, der während 180 Stunden eine distanzierte Haltung zum Analytiker aufrechterhielt. Jede Äußerung des Analytikers, zum Beispiel darüber, daß der Analysand möglicherweise etwas verschwiegen habe, wurde mit einer Irritation beantwortet. Der Patient beteuerte dann nachdrücklich, daß er alles mitteile, was ihm einfalle.

Ich berichtete über eine bestimmte Stunde, in welcher der Patient einen Traum erzählte, in welchem er mit einer Frau über das lateinische Wort *agricola* diskutiert hatte. Der Träumer fügte hinzu, mit der Frau könnte der Analytiker gemeint sein. In der Traumdiskussion ging es darum, ob über den Dativ oder den Akkusativ dieses Wortes gesprochen werden sollte. Der Träumer zog den Akkusativ vor, seine Traumpartnerin den Dativ. Nach diesem Traum erwachte der Analysand mit einer Pollution. Als der Analytiker zu den Äußerungen des Patienten etwas sagen wollte, schnitt dieser ihm das Wort ab und berichtete über ein Erlebnis des Vortages, eines Sonntags. Er hatte einen Jugendfreund besucht und eine schwere Enttäuschung erlebt, weil er zu seinem Freund keinen Kontakt mehr gefunden hatte.

Ich versuchte zu zeigen, daß sich in dieser analytischen Beziehung eine Konfusion in der Übertragung eingestellt hatte. Ich möchte nun näher auf diese Konfusion eingehen und zunächst feststellen, daß sich in der Analyse ein Übertragungswiderstand entwickelt hatte, der zu einer Kampfsituation zwischen Analysand und Analytiker führte. Es war dem Analytiker offensichtlich nicht möglich, diesen Übertragungswiderstand wirksam anzugehen. Man kann noch hinzufügen, daß in diesem Übertragungswiderstand fixierte Charakterhaltungen eine große Rolle spielten, so daß wahrscheinlich nicht so übersichtliche Verhältnisse vorlagen wie bei dem jungen Mädchen, das Hohn und Spott äußerte. Die Konfusion in der Übertragung war in diesem Falle das Resultat eines chronisch gewordenen, inkrustierten Übertragungswiderstandes. Er blokkierte seit langem den analytischen Prozeß.

Das distanzierte Verhalten des Analysanden bestand seit Beginn der Analyse. Man kann in einer solchen Situation nicht erwarten, daß sich diese Haltung in kurzer Zeit ändert. Es ist auch nicht sicher, ob die Distanz, die der Patient in seiner Beziehung zum Analytiker zum Ausdruck brachte, von Anfang an ein Übertragungswiderstand gewesen war. Möglicherweise kam es erst im Laufe der Zeit dazu. Man könnte die Auffassung vertreten, gerade diese Haltung des Patienten gehöre zur Übertragung. Da der Analytiker das Übertragungsangebot des Analysanden nicht zurückweisen soll, habe er die starre, distanzierte Einstellung hinzunehmen.

Natürlich gehört diese Haltung zur Übertragung, doch muß ich hier auf die Möglichkeit eines Mißverständnisses hinweisen. Jeder Übertragungswiderstand gehört zur Übertragung. Der Übertragungswiderstand ist Ausdruck eines Wiederholungszwanges, der bestimmte Ichleistungen betrifft und der im viel allgemeineren Wiederholungsprozeß auftaucht, den ich als emotionale Wiederholung verstehe, und zwar im Interesse des analytischen Prozesses. Die Theorie der Technik baut ihre Konzepte immer so auf, daß ihre Anwendung dazu führt, den analytischen Prozeß zu fördern.

Man kann natürlich anderer Auffassung sein und sagen, es sei besonders interessant und aufschlußreich, wenn sich in der Übertragung alte Ichleistungen manifestieren.

Solche Ichleistungen können durchaus anregend sein, zum Beispiel wenn ich gemeinsam mit Freunden und Bekannten eingeladen bin. Da treffe ich vielleicht einen Musiker, einen Bankfachmann und einen Mathematiker. Wir diskutieren zusammen über ein umstrittenes Theaterstück. In den wechselseitigen Beziehungen treten hier und da Reaktionen auf, die gar nicht zur aktuellen Situation passen. Alte Ichleistungen werden beim einen oder anderen plötzlich durch Emotionen reaktiviert. Der Bankfachmann brennt mit seiner Zigarre einer Dame ein Loch ins wallende Kleid, der Musiker gießt ein Glas Champagner auf den Spannteppich und ich sage meiner Frau auf der Heimfahrt alle Schande. Das sind lauter Dinge, die ich analytisch aufarbeiten könnte. Sie sind vielleicht sehr interessant, aber für einen analytischen Prozeß sind sie grundsätzlich uninteressant, weil die Entwicklung der Beziehung, ihre Vertiefung und die Richtung, die sie nimmt, nicht an den Ichleistungen gemessen werden können. Ich kann mich nicht an den Ichleistungen orientieren, um auf das zu stoßen, worum es geht. Ich wende mich der Übertragung von der Seite der emotionalen Bewegung zu und versuche, sie in diesem Sinne zu verstehen und zu mobilisieren. Das ist die via regia der Analyse. Es geht also nicht darum, daß sich der Analysand einfach an die Ichleistungen, Haltungen und Überzeugungen des Analytikers anpaßt. Wenn das geschieht, entsteht in der analytischen Beziehung ein Kompromiß, der sich wie ein Symptom auswirkt.

Ein Beispiel für einen solchen Kompromiß wäre ein Übereinkommen zwischen Analytiker und Analysand, daß letzterer alle Träume aufschreibt und dem Analytiker zum Studium überreicht. Ein anderes Beispiel wäre der Vorschlag des Analytikers, der stets schweigende Analysand solle jede Stunde mit der Darstellung seiner Gedanken beginnen, die er am Morgen nach dem Erwachen gehabt hatte.

Mit solchen Anweisungen erfährt die Analyse eine Einschränkung. Man operiert dann mit den bewußten und unbewußten Ichleistungen. Der analytische Prozeß strebt etwas anderem zu. Er operiert mit der emotionalen Bewegung, das heißt mit den Kräften, die das Selbstgefühl und die Kohärenz des Bildes der eigenen Person aufrechterhalten.

In dem erwähnten Beispiel liegt ein Übertragungswiderstand vor. Dieser Übertragungswiderstand trägt bestimmte Ichleistungen des Analysanden in die analytische Beziehung hinein, die die emotionale Bewegung, die diese Beziehung ausmacht, stören.

Es hat sich also etwas Fremdes in die analytische Beziehung eingeschlichen. Das Fremde ist eine alte Abwehr, die der Analysand schon seit langer Zeit in sich trägt und die er immer dann reaktiviert, wenn er sich in eine Beziehung einläßt. Diese Ichleistungen äußern sich in seiner Distanziertheit, im Intellektualisieren und in der Vorwegnahme von Enttäuschungsreaktionen. Die ganze Reaktionsweise paßt überhaupt nicht zu dem emotionalen Engagement, das der Analysand in der Beziehung zum Analytiker zeigt, denn er kommt hartnäckig und regelmäßig seit über einem Jahr viermal wöchentlich zur Analyse.

Man kann sagen, daß hinter dieser Abwehr Wünsche liegen müssen, die er wahrscheinlich in seiner Kindheit geäußert hatte und die zurückgewiesen und frustriert worden waren. Jetzt trägt er nicht seine Wünsche, sondern deren Abwehr in die Analyse.

Der Analytiker agiert im Übertragungswiderstand mit. Er verhält sich genau so, als ob das, was der Analysand anbietet, Ausdruck von Es-Wünschen, Anteilen der Triebbedürfnisse und Triebspannungen gewesen wäre.

Mitagieren im Übertragungswiderstand heißt annehmen, vermuten, denken, deuten, daß etwas Es-Charakter hat, was Ich-Funktion ist.

Dieser Umstand trifft den wesentlichen Punkt, an dem der analytische Prozeß blockiert war. Das ständige Hin und Her in der Einstellung des Analytikers zu dem, was sein Analysand vom Es, und zu dem, was er vom Ich vorlegte, brachte die Verwirrung. Was vom Es kam und den analytischen Prozeß gefördert hatte, ging unter, denn was vom Ich kam, überschattete die ganze Beziehung. Was vom Ich kam, wurde als das verstanden, was zum Analysanden paßte, und war gleichzeitig dafür verantwortlich, daß die Aktivität des Analytikers feindselig erlebt worden war.

Aus diesen prinzipiellen technischen Gesetzmäßigkeiten läßt sich die Dynamik des Übertragungswiderstandes und der ganzen Abwehrpsychologie dieses Analysanden ableiten.

Als Analytiker brauche ich mir nicht Vorwürfe zu machen, wenn ich Es-Aktivitäten mit Ichleistungen verwechsle, denn in seiner Tätigkeit ist jeder von uns immer wieder in der Situation, eigene Es-Aktivitäten mit Ichleistungen zu verwechseln. Gerade weil alle Menschen und auch alle Analytiker diese Neigung haben, ist es besonders wichtig, diese Verhältnisse zu verstehen. Je besser man sie versteht, desto besser kann man den Deutungsprozeß überwachen und strukturieren.

In meinem Beispiel waren die Ichaktivitäten des Analysanden, die der Analytiker als Es-Regungen auffaßte, von ganz anderen emotionalen Voraussetzungen bestimmt als die, die in der aktuellen analytischen Beziehung bestanden. Daß sich in der analytischen Beziehung alles genau so wiederholte, wie es einst in der Kindheit gewesen war, führte dazu, daß es nicht zu einer Analyse, sondern zu einer Vertiefung der Symptomatologie kam.

Es ist durchaus möglich, Patienten auf diese Weise psychotherapeutisch zu behandeln. Es gibt weitverbreitete Formen von Psychotherapie, die die Behandlung so führen, daß die Symptombildungen der Patienten derart mobilisiert werden, daß sie schließlich der Verdrängung verfallen. Der Patient kann sich dank eines solchen Vorgehens subjektiv besser fühlen, auch wenn sich neue Symptome zeigen, die aber, gesellschaftlich betrachtet, weniger störend wirken als die früheren. Solche Therapien stehen vor allem im Dienste der Interessen der herrschenden

Gesellschaftsmoral. Viele Formen von Kurztherapie und Gruppenbehandlung führen leicht zu Entwicklungen in dieser Richtung.
Die Psychoanalyse geht andere Wege. Sie ist in ihrem eigentlichen Sinn unteilbar und kann nicht durch andere Prozeduren ersetzt werden. Im analytischen Prozeß geht es darum, beim Analysanden jene Ichanteile, die im Übertragungswiderstand auftauchen, so zu behandeln, daß sich die Affektverdrängungen oder Affektfixierungen lösen, und daß sich die Energie, die in ihnen liegt – als Aggression oder Libido oder was auch immer –, dem Übertragungsangebot im emotionalen Bereich zugesellt. Dann geht der analytische Prozeß weiter.

Wie reagierte, in meinem Beispiel, der Analysand auf die Einstellung seines Analytikers, der die Ichleistungen aus alter Kinderzeit als Ausdruck von Es-Regungen verstanden hatte?
Um diese Frage zu beantworten, muß ich zunächst klären, wie die Übertragung zu verstehen ist. Mit anderen Worten: wie war das emotionale Angebot, das dieser Mann in die Beziehung zum Analytiker mitbrachte?
Ohne Zweifel war das emotionale Angebot des Patienten überaus stark. Wenn ich sage, die Übertragung sei positiv oder negativ gewesen, spreche ich bereits von der Färbung der Emotionen, und diese Färbung ergibt sich aus der Energie der Affekte. Positive oder negative Gefühle haben bereits etwas mit den Ichreaktionen zu tun, die einst, in der Kindheit, auftauchten, als die mit den Emotionen verbundenen Wünsche frustriert worden waren.
Das Engagement dieses Mannes, der sich immer in distanzierter Weise geäußert und verhalten hatte, war groß, weil er hartnäckig an seiner Analyse festhielt und dauernd mit dem Analytiker kämpfte. Das heißt übrigens nicht, daß ein anderer Analysand, der immer wieder den Stunden fernbleibt und während der Sitzungen unbeteiligt oder uninteressiert zu sein scheint, aber dauernd darüber klagt, wie schlecht es ihm gehe, kein emotionales Engagement oder nur ein geringes zeigte. So einfach und linear sind die Verhältnisse nie.
Der Patient meines Beispiels wies einen massiven Übertragungswiderstand auf. Der Analytiker agierte mit. Dieses Verhalten des Analytikers störte den Analysanden in dem, was er emotional anzubieten hatte, in heftiger Weise. Der Analysand unternahm nun etwas. Ich möchte es in einem Gleichnis sagen, um die unbewußte Tendenz, die wirksam war, aufzuzeigen: Der Analysand nimmt den verständnislosen Analy-

tiker gleichsam bei der Hand und will ihn beinahe führen, wie man einen Blinden führt, damit er schließlich das macht, was er tun muß. Die Analysanden stehen unter einem emotionalen Druck – dem Druck ihrer ausgebildeten Übertragung –, der sie veranlaßt, alles zu unternehmen, damit der analytische Prozeß fortschreitet.

Zeigt ein Analysand soviel Bereitschaft, den Bedingungen der Analyse zu folgen, ist es im Grunde bereits geschehen: Der analytische Prozeß muß in Gang kommen, auch wenn nun – wie Freud sagte – der Analysand aus dem Arsenal der Vergangenheit Stück für Stück die Waffen hervorzieht, um den analytischen Prozeß zu hemmen und zu blockieren.

Die größten Enttäuschungen treten in diesem Geschehen immer dann auf, wenn der analytische Prozeß sich erschöpft und ausklingt, weil nicht nur der Analysand, sondern auch der Analytiker seine Waffen aus dem Arsenal der Vergangenheit hervorzieht, um sich, unbewußt natürlich, der Fortsetzung der Analyse seines Patienten zu widersetzen.

Es ist ein Konzept der Theorie der Technik, die Äußerungen des Analysanden grundsätzlich entlang den Linien der soeben geschilderten Verhältnisse zu verstehen. Das heißt: Ist ein Analysand bereit, in Analyse zu kommen, und kommt er regelmäßig, so beansprucht er in allen Fällen die Anerkennung einer, sei es auch noch so versteckten und unerkennbaren Tendenz, seinen Partner gleichsam bei der Hand zu nehmen und ihn zu seinem Analytiker zu machen. Wenn ich als Analytiker, wegen meiner eigenen Konfliktgebundenheit oder aus anderen Gründen, dieser Forderung des Analysanden nicht entsprechen kann, bleibt mir die Neugier, zu erfahren, wie mein Analysand vorgehen wird, um sein Ziel dennoch zu erreichen.

Wie kann man diese unbewußte Tendenz beim Analysanden meines Beispiels erkennen?

Wenn ich die Sukzession im Assoziationsverlauf beachte, stellt sich die Frage, weshalb der Analysand in der dargestellten Stunde zuerst den Traum, dann die Pollution und dann das Erlebnis mit seinem Jugendfreund am Vortag erzählt hatte.

Diese Sukzession hängt mit der Enttäuschungserwartung zusammen. Der sehr intelligente Mann hatte in 180 Stunden bereits zahlreiche Erfahrungen mit seinem analytischen Partner gemacht. Er erwartete mit Bestimmtheit, der Analytiker würde auf die Mitteilung der Enttäuschungsreaktion gegenüber dem Jugendfreund deuten, er, der Ana-

lysand, sei nicht über seinen Jugendfreund, sondern über ihn, den Analytiker enttäuscht.
Man soll die Analysanden nie unterschätzen. Sie wissen viel mehr, als man annimmt, und kennen ihren Analytiker oft besser, als dieser sie versteht. Der Analysand befürchtete mit Recht, daß sein Analytiker erneut dasselbe deuten würde, was er schon so oft gedeutet hatte. Das war der Grund, weshalb der Analysand am Montag nicht damit beginnen wollte, von seinem Erlebnis mit dem Freund zu sprechen. Als Vorbereitung brachte er einen Traum. In diesem Traum spielte eine Diskussion um Deklinationsformen des Wortes *agricola* eine zentrale Rolle. Im manifesten Inhalt bekannte sich der Analysand zum Akkusativ, das heißt zur Anklage (wegen der Klangassoziation zu *accuser*).
War das ein Zeichen dafür, daß der Träumer anklagen wollte? Nein, gewiß nicht, denn was im manifesten Traum in derart deutlicher Weise zum Ausdruck kam, war bewußtseinsfähig und konnte nicht den latenten, unbewußten Inhalt darstellen. Dieser Traum hatte nichts mit einer Anklage zu tun.
Technisch gesehen ist ein anderer Gesichtspunkt wichtig. Der Analysand mußte den Traum erzählen und von der Pollution berichten, die ihn aus dem Traum geweckt hatte, damit das, was vom Es kam, in Traum und Pollution untergebracht werden konnte, bevor er das Erlebnis vom Sonntag erzählte.
Stelle ich mir vor, was am Sonntag in diesem Mann vorgegangen ist, kann ich annehmen, daß er von seiner Enttäuschung über den Freund beeindruckt war und sich vornahm, dieses Erlebnis in seiner Analysenstunde am Montag zu erzählen. Bei diesem Gedanken ahnte er voraus, daß der Analytiker ihn darauf hinweisen würde, er sei über ihn enttäuscht. Der Analysand, der sich in seinen Gedanken mit der erwarteten Deutung beschäftigte, war sich darüber im klaren, daß er tatsächlich dauernd über seinen Analytiker enttäuscht war. Er erinnerte sich, daß er ihm seit Monaten Vorwürfe machte, und sagte sich, daß der Analytiker trotzdem immer den längeren Arm gehabt habe. So hatte die vorangegangene Stunde, über die ich berichtete, geendet.
Entscheidend ist an diesem ganzen Geschehen, daß der Analysand über seinen Analytiker enttäuscht war, weil er immer dasselbe sagte und seine wirklichen Gefühle der Zuwendung nicht erkennen konnte. Darüber war er teils traurig, teils wütend. In kämpferischer Weise hatte er seinem Analytiker begegnen wollen. In der Erwartung der Montagsstunde sagte etwas in ihm: nein. Das war unbewußt. Er schlief am

Sonntag mit einer vorbewußten Tendenz ein, den Schwierigkeiten in der Analyse wirksam begegnen zu wollen. Diese Tendenz baute den Traum mit einer Diskussion über linguistische Fragen aus. Der Analytiker wurde zur Frau und der Konflikt stellte sich in einer Auseinandersetzung dar, die sich um Dativ und Akkusativ drehte. Darauf erwachte der Träumer an einer Pollution.

Mit Traum und Pollution erschien er zur Montagsstunde. Mit diesen Symbolen legte er den emotionalen Gehalt seiner unaussprechbaren Gefühle in die Hand des Analytikers. Dann erzählte er seine Geschichte. Sprach nun der Analytiker von Genugtuung und Triumph, antwortete der Analysand in der Sprache seiner Emotionalität so, als würde er sagen: »Schweigen Sie doch, alles ist falsch.« Sprach der Analytiker davon, daß er möglicherweise über ihn enttäuscht sei, antwortete die emotionale Sprache in nochmals der gleichen Weise.

Traum und Pollution hatten sich zwischen das Sonntagserlebnis und die Analysenstunde geschoben, weil der Patient genau spürte, daß er die emotionale Bewegung, die mit seinem Sonntagserlebnis verbunden war, nicht anbringen konnte, da er wußte, daß der Analytiker nur immer deuten würde, er, der Analysand, wolle ihm Vorwürfe machen.

In Traum und Pollution lag die Vorbereitung der Auflösung des Übertragungswiderstandes. Dabei ist besonders hervorzuheben, daß der Patient den ersten Schritt dazu gemacht hatte und nicht der Analytiker.

Es waren die unbewußten Ichanteile, die den Übertragungswiderstand, in dieser und in keiner anderen Reihenfolge der Dinge, darzustellen begannen, um ihn in dieser Art und Weise zu entschärfen.

Es waren die unbewußten Ichanteile, die in Aktion traten, denn bewußt war dieser Vorgang gewiß nicht. Es waren Ichanteile und nicht Es-Aktivitäten, die wirksam wurden, weil es darauf ankommt, wie mit diesen Erscheinungen umgegangen wird. Der Analysand hätte ja Traum und Pollution vergessen und während der Analysenstunde über irgend etwas Belangloses berichten können, was die Emotion nicht hätte erkennen lassen. Sie waren aber so stark in Erscheinung getreten, daß sie gar nicht mehr zu übersehen gewesen wären.

Aus der Reihenfolge der assoziierten Zusammenhänge, der Erzählung des Traumes, des Berichts über die Pollution, der überschießenden Reaktion, unbedingt weiterberichten zu wollen, ohne den Analytiker zu Wort kommen zu lassen, erkenne ich die unbewußten Ichaktivitäten des Analysanden, die, von Es-Anteilen gesteuert, die entscheidenden

unbewußten Bedürfnisse in eine Form zu bringen versuchten, die in der analytischen Beziehung nicht mehr verleugnet werden konnte.
Es ist interessant zu beobachten, was der Analytiker in dieser Situation antwortete. Seine Antwort war von unbewußten Impulsen geleitet, die den polaren Gegensatz in den Besetzungsmodalitäten der analytischen Beziehung verstärkten. Der Analytiker intensivierte den Widerstand, indem er eine Kampfsituation mobilisierte.
Diese Überlegungen, die sich aus der konsequenten Anwendung der Konzepte der Technik ableiten lassen, könnten dem Analytiker gerade dann zeigen, was im Deutungsprozeß erfolgen müßte, wenn er selbst, von unbewußten Konfliktneigungen beeinflußt, einer Tendenz zu erliegen droht, die der Analyse zuwiderläuft.
Es geht nicht darum, an dieser Stelle ein Rezept für eine Deutung zu formulieren. Jeder von uns würde in der Weise deutend vorgehen, die zu ihm paßt. Es kommt hier nur auf den prinzipiellen Gesichtspunkt an, der in unzähligen Möglichkeiten von Deutungen enthalten sein kann. Das Prinzip kann ich dadurch umschreiben, daß ich sage, der Analytiker habe in jedem Fall das anzunehmen, was ein Analysand mit seiner Art der Darstellung anstrebt. Mir persönlich entspräche es am ehesten, ihm die Deutung etwa so zu formulieren:
»Sie haben heute zuerst den Traum erzählt, dann von der Pollution gesprochen, an der Sie erwacht sind, bevor Sie von der Enttäuschung über Ihren Freund berichten konnten. Sie haben diese Reihenfolge gewählt, um zu verhindern, daß ich wieder eingreife und Ihnen sage, Sie seien im Grunde über mich, Ihren Analytiker, enttäuscht, was doch in so gar keiner Weise zutrifft. Sie haben im Traum den Streit mit der Frau dargestellt, weil Sie so sehr befürchtet haben, es gebe wieder einen Streit mit mir.«
Ich möchte nochmals betonen, daß es nicht darauf ankommt, welche Worte nun zu welcher Deutung gewählt werden. Es kommt nur darauf an, dem Analysanden die Einsicht zu ermöglichen, daß das, was er bringt, nicht im Dienste des Widerstandes steht. Dann kann er verstehen, daß er sich in der aktuellen Beziehung zum Analytiker dauernd von den Ichleistungen seiner Vergangenheit bestimmen läßt und daß gerade diese Neigung seine Beziehung stört.
In meinem Beispiel begann er seine impulsiven Reaktionen zu reflektieren und zu relativieren. Das wurde sichtbar, als er sagte: »Eigentlich stimmt es gar nicht, daß ich gestern über meinen Freund so enttäuscht war, wie ich zunächst geglaubt hatte.« Mit dieser Einsicht begann die

Neuformulierung der Erscheinungsformen, die in allen seinen Beziehungen zu den Menschen in konfliktvoller und schmerzlicher Weise spürbar gewesen waren.
Er entwickelte neue Möglichkeiten, die Beziehung zum Partner einzuschätzen. Er sagte: »Eigentlich ist das etwas, das gar nicht in unsere Beziehung gehört. Es ist, als ob sich etwas Befremdendes eingeschlichen hätte. Dieses Gefühl hatte ich bereits als Kind, als ich mit meinem Vater spazieren ging und er mir im Wald alle Bäume mit Namen nannte und mich dann prüfte, ob ich mir auch alles gut gemerkt hätte. In derartigen Gesprächen kam es immer wieder vor, daß wir uns über Kleinigkeiten zu streiten begannen. Ich erinnere mich an eine Diskussion, in welcher es darum ging, ob die kleinen Flecken der Blätter des Eichenbaumes normale Erscheinungen der Natur oder krankhafte Veränderungen seien. Mir gefielen die Flecken, aber mein Vater bestand darauf, daß sie häßlich seien.«
Nun erkannte der Analytiker den Zusammenhang mit dem Traumbild. Das Streitgespräch um Dativ oder Akkusativ des Wortes *agricola* enthielt eine Verdichtung und Reaktivierung alter Kindheitserlebnisse mit dem Vater. Eine solche Deutung hätte sich beinahe von selber ergeben. Es ist nicht selten, daß der Analysand in einer Phase affektiver Entspannung einen solchen Zusammenhang von sich aus aufdeckt. Der Analysand sagte: »Ich glaube, mit dem Wort *agricola* habe ich alle Naturbetrachtungen, die ich als Kind mit meinem Vater erlebt hatte, zusammengefaßt. Die Frau im Traume könnte mein Vater sein ..., oder vielleicht erscheine ich selbst im Traum als die Person meines Vaters. Dann stünde die Frau an meiner Stelle und bevorzugte den zuwendenden Dativ. Der anklagende Akkusativ bedeutet Streit.«
Als die Dinge im analytischen Prozeß soweit vorangekommen waren, fügte der Analytiker hinzu: »Vielleicht war auch all das, was Sie hier in unseren Stunden empfunden haben, mit den Erfahrungen verknüpft, die Sie mit Ihrem Vater erlebt hatten.«
Ist das bereits eine rekonstruktive Deutung? Nein, gewiß nicht. Mit dieser Deutung wurden lediglich bestimmte Affektäußerungen mit Erinnerungen verknüpft, die der Analysand damals, und nicht zu irgendeinem anderen Zeitpunkt, vorbrachte und die mit seinem Vater in Verbindung standen. Er hatte mit seiner Einsicht und der Relativierung seiner Gefühle die Beziehung in der Übertragung neu formuliert, wobei der Fremdkörper im Übertragungsgeschehen, in der Gestalt aktualisierter Affektäußerungen, bewußt wurde.

Mit diesem Schritt erweiterte sich das Bewußtsein über das, was in ihm vorging. Die Emotion, die bisher an die Affekte der Abwehrreaktion gebunden war, teilte sich der Übertragung in ihrer ursprünglichen, triebhaften Form mit. Dank dieser Erweiterung im Übertragungsgeschehen verfiel der Übertragungswiderstand. Der analytische Prozeß gelangte in eine Situation, die jener vergleichbar ist, die ich in meinem Beispiel des jungen Mannes beschrieben hatte, der glaubte, ich sei schwerhörig. Als ich von diesem Patienten berichtete, war davon die Rede, daß in der Übertragung ein wichtiger Bezug zur Person des Vaters wirksam geworden war. Dieser Bezug wurde gedeutet, und die Deutung schien im Widerspruch zu meiner unmittelbar vorangehenden Warnung zu stehen, nicht frühzeitig die Rolle einer Figur aus der Kindheit im Übertragungsgeschehen zu deuten.

Mir scheint, es wird erst jetzt, in einem größeren Zusammenhang, wirklich verständlich, daß ich unterscheiden muß, ob ich in der Übertragung, im emotionalen triebhaften Geschehen, das heißt in der umfassenden Erlebnisweise des Analysanden, eine Vaterfigur darstelle oder ob ich, als Objekt einer aktuellen Konfrontation, bei meinem Analysanden Reaktionsweisen hervorrufe, die Affektäußerungen in Verbindung mit spezifischen Erinnerungsspuren darstellen. In diesem Falle zentriert sich alles, was jetzt im Übertragungsgeschehen sichtbar wird, um eine spezifische, im Erlebnisbereich isolierte und in der Vergangenheit fixierte, typische Konfliktspannung. Diese Konfliktspannung hatte einst in der Kindheit, infolge ihrer Unlösbarkeit und überwältigenden Intensität, das Situative und das Emotionale auseinandergerissen. Die Folge war, daß das eine verdrängt, das andere verschoben und dann beides in neuer, neurotischer Weise künstlich verknüpft wurde.

Diese beiden, grundsätzlich voneinander zu unterscheidenden Reaktionsweisen, der umfassende Erlebnisbereich im Zusammenhang mit einer wichtigen Figur aus der Kindheit und Affektäußerungen in Verbindung mit spezifischen Erinnerungsspuren, die sich bei der Konfrontation mit einem Objekt aktualisieren, sind im Leben dauernd miteinander verbunden. Sie vermischen sich, sie durchdringen sich, sie bekämpfen sich in polar entgegengesetzten Handlungsmotivationen, unterdrücken und verändern sich gegenseitig und bestimmen weitgehend jene Anteile der Erfahrung, die vom Wiederholungszwang gezeichnet sind. In diesen beiden Reaktionsweisen liegen die fundamental wichtigen Ansätze für alles, was die psychoanalytische Theorie der Technik beschäftigt.

9. Funktion und Struktur der rekonstruktiven Deutung

Ein 37jähriger, seit elf Jahren verlobter Musiker ist seit 150 Stunden in Analyse. Sein Vater war bei seiner Geburt bereits ziemlich alt, seine Mutter noch sehr jung. Der Analysand ist ihr einziges Kind. Die Beziehung zu seiner Freundin, einer Musikerin, ist schwer gestört. Es besteht kein nennenswerter Altersunterschied. Die beiden lebten viele Jahre praktisch zusammen, obschon sie meistens getrennte Wohnungen hatten, die aber oft im selben Haus lagen. Der Analysand liebt diese Frau. Er hat sie immer geliebt, aber er kann sich nicht äußern. Er kann mit ihr weder über Dinge sprechen, die ihn beschäftigen, noch kann er eine Beziehung herstellen, in der er seine Gefühle zu zeigen vermöchte. Er sagt, er lebe in einer inneren Spannung, als ob jede Kontaktnahme durch eine Mauer in ihm und um ihn verhindert wäre. Seine Freundin hat sich von ihm getrennt. Er lebt jetzt ganz allein. In seinem Beruf ist er tüchtig und erfolgreich, aber er ist leicht verstimmbar, in sich gekehrt, voll zwanghafter Gedanken und Selbsterniedrigungsgefühle. Er liebt seine Freundin weiterhin. Sie treffen sich häufig. Sie haben keinen Streit, aber er bleibt ratlos, wenn er mit ihr zusammen ist. Er fühlt sich in seinem Leben eingeschränkt und in seinen Ausdrucksmöglichkeiten gestört.

Die Analyse beginnt mit großen Schwierigkeiten. Der Analysand liegt schweigend auf der Couch und hat Mühe, von sich zu sprechen. Er zögert bei jedem Versuch, einen Gedanken auszudrücken. Über Monate hin ändert sich nichts an seinem Verhalten. Der Analytiker hat sich dem Analysanden gegenüber so eingestellt, als ob das alles verständlich wäre. Der Patient, der in jeder Stunde das Bild eines ratlosen, verzweifelten Mannes zeigt und der sich erfolglos alle Mühe gibt, zu sprechen, fühlt sich gut. Er kann sein Wohlbefinden während der Analysenstunden nicht verstehen. Wenn er voller innerer Spannungen versucht, etwas auszudrücken, sagt der Analytiker etwas Ergänzendes dazu oder verknüpft den Gedankengang des Patienten mit einem anderen, den er früher mitgeteilt hatte. Der Analytiker ist immer dabei und setzt den Analysanden seinen Störungen nie im Alleingang aus. Die Spannungen lassen nach. Er wirkt beruhigt, schweigt und wundert sich, weshalb er nicht sprechen kann. Der Analytiker drängt den Patienten nicht. Er läßt ihn auch nicht längere Zeit schweigen, sondern sagt, dies verhalte sich so und jenes anders, wenn sich aus dem Schweigen während der Stunde ein neuer Spannungszustand auszubilden beginnt.

Ich will an diesem Beispiel Struktur und Funktion der rekonstruktiven Deutung ableiten und gehe deshalb nicht näher darauf ein, wie sich die Übertragung allmählich entwickelt hat.

Nach einem Jahr ist es so weit, daß der Patient während der Analysenstunden ohne Hemmungen und Störungen frei zu sprechen beginnt. Er berichtet über Träume, die ihn beeindrucken, über seine Beziehungen mit anderen Musikern und über vieles, was in ihm vorgeht. Die emotionale Bereitschaft, die er von Anfang an mitgebracht hat, wird jetzt sichtbar. Er steht in einer intensiven Beziehung zum Analytiker. Diese Phase hält in der Analyse schon einige Zeit an. Regelmäßig trifft er seine Freundin. Sie gehen gemeinsam ins Theater oder musizieren zusammen, wie sie es seit vielen Jahren getan haben. Bisher hat sich an der inneren Mauer, die zwischen beiden steht, nichts verändert. Es scheint hoffnungslos zu sein.

An einem schönen Sommerabend treffen sie sich wieder. Sie beschließen, in die Wohnung der Freundin zu gehen, um gemeinsam zu musizieren. Der Analysand schlägt unvermittelt vor, ein relativ unbekanntes Stück zu spielen, das beide noch nie geübt hatten, aber kannten. Die Frau ist etwas zögernd. Der Analysand wirft sich geradezu in eine virtuose Darstellung des Stückes, muntert mit großen ausladenden Bewegungen seine Freundin auf, sich von ihm mitreißen zu lassen. Die Freundin folgt mit großer Gewandtheit dem musikalischen Auftrag. Jetzt kommt eine Solostelle, die der Analysand dazu benützt, zu improvisieren. Er spielt brillante Läufe, die er mit Trillern durchsetzt. Die Solopartie wird viel länger, als sie vom Komponisten vorgesehen war, doch alles gliedert sich wie selbstverständlich in das Ganze ein. Jetzt gibt er ein Zeichen. Seine Freundin setzt ein und sie spielen beide den ersten Satz mit den wenigen Takten, die noch folgen, zu Ende. Dann sagt die Freundin zu ihm: »Wegen mir mußt du nicht so spielen.«

Es ist das erste Mal, daß der Analysand auf eine Bemerkung dieser Art nicht mit stummem Beleidigtsein, einem Rückzug, dem verbitterten Gefühl, nicht verstanden zu werden, reagiert. Er steht auf, geht auf seine Freundin zu und sagt: »Ich spiele doch so, um dir eine Freude zu machen.« Die Frau erschrickt beinahe, ihr Ausdruck ist erstaunt. Sie sagt: »Weißt du, ich habe das nur deshalb gesagt, weil ich nie so spielen könnte wie du. Ich möchte auch so spielen können.« Nach diesen Worten setzen sich die beiden auf ein Sofa, und alles ist ganz anders, als es je war. Die Frau wendet sich ihm zu: »Ich möchte dir etwas sagen, was ich nie aussprechen konnte. Wenn wir miteinander geschlafen haben, habe ich immer nur so getan, als ob ich etwas spüre. In Wirklichkeit war ich immer empfindungslos.«

Nach dieser Episode geht der Analysand nach Hause. Seelisch geht nichts Besonderes in ihm vor. Er ist ruhig und gelassen, wie immer. Er beschäftigt sich noch mit einer Arbeit. Dann legt er sich zu Bett und phantasiert. Die Phantasie bewegt ihn, und er erzählt sie als erstes in der Analyse am folgenden Tag.

»Es ist ganz dunkel gewesen. Ich hatte die Augen geschlossen. Aus meiner Kindheit ist mir ein Bild erschienen. Ich habe meinen Vater gesehen und bin auf ihn zugegangen. Ich habe ihm auf die Schulter geklopft und gefragt: ›Sage mir doch, wie war es zwischen Mutter und dir, als ihr zusammen geschlafen habt.‹ In dem Moment ist in meiner Phantasie die Mutter aufgetaucht und hat den Vater beschworen: ›Sage nichts, bitte, sage nichts!‹ Ich war betroffen und sehr unangenehm berührt. Ich zündete das Licht an und wollte etwas lesen. Es ging nicht. Ich löschte das Licht wieder, aber ich konnte lange nicht einschlafen.«

Pause.

»Ich habe gestern meine Freundin getroffen und alles war ganz anders als früher ...« Er erzählt nun die Geschichte des Musizierens am Vorabend.

Der Analytiker deutet den Zusammenhang zwischen der nächtlichen Phantasie und dem Erlebnis mit der Improvisation. Er sagt: »Nachdem das Geheimnis der Frigidität Ihrer Freundin aufgedeckt war und Sie verstanden hatten, daß Ihre Freundin nichts empfinden konnte, wenn Sie mit ihr schliefen, tauchte in der Nacht die Phantasie auf, in welcher Sie sich, wahrscheinlich zum ersten Mal, mit Ihrem Vater gleich fühlten. Sie haben ihm auf die Schulter geklopft und eine Frage gestellt, die Sie in Ihrer Kindheit sehr beschäftigt haben mußte.«

Ich unterbreche hier den Deutungsverlauf, um einige Informationen über die Lebensgeschichte des Analysanden zu geben.

Der Vater hatte sich ein Mädchen gewünscht und war enttäuscht, als der Analysand geboren wurde. Die Mutter liebte den Knaben. Mit fünf Jahren erlitt er einen schweren Unfall. Er mußte zuerst zu Hause das Bett hüten, doch nach zwei Wochen wurde er ins Krankenhaus gebracht und operiert. Danach war er während vieler Monate in Pflegeheimen und erholte sich nur langsam. Als der Analysand in die Adoleszenz kam, wurden Mutter und Sohn immer wieder als Geschwister verwechselt. Er hatte eine verführerische Art, mit seiner Mutter umzugehen. Zum Vater konnte er nie eine richtige, von Gefühlen der Zuwendung gefärbte Beziehung entwickeln. Das alles kommt jetzt in der Deutung zur Sprache.

Nach der geschilderten Analysenstunde beschäftigt sich der Analysand mit seiner Vergangenheit. Er phantasiert über seine frühkindliche Sexualneugier und berichtet die Phantasien in der folgenden Stunde. »Ich erinnere mich an Doktorspiele, die ich mit kleinen Mädchen gemacht habe. Ich schaute ihnen unter die Röcke und wollte wissen, wie die kleinen Mädchen aussehen.« Er erzählt eine Reihe von Ereignissen aus seiner Kindheit, die alle mit seiner Sexualneugier in Zusammenhang stehen.

Während der Analysand in dieser Weise Erinnerungen vorbringt, tritt, ganz unerwartet, ein Erregungszustand auf, den der Analytiker nicht versteht. Der Analysand ist unruhig, wirft sich auf der Couch hin und her und schweigt. Plötzlich erhebt er seine Stimme und sagt: »Jetzt werde ich mich aufreißen und Ihnen alles zeigen.« Er macht dabei mit den Händen eine Bewegung und verkrampft sich in seinen Kleidern. Dem Analytiker bleibt es unklar, ob sein Analysand dabei ist, die Kleider aufzureißen, um zu exhibieren, oder ob er sich am liebsten den eigenen Körper aufreißen möchte. Es ist beinahe etwas unheimlich, weil man gar nicht versteht, was vorgeht. Die Reaktion des Analytikers ist zum ersten Mal inadäquat. Er stottert verlegen und weiß nicht, was er sagen soll, obschon er glaubt, jetzt unbedingt etwas sagen zu müssen.

Es entsteht eine Pause. Darauf schreit der Analysand: »Ich könnte Sie anbrüllen.« Sonst nichts. Der Analysand liegt entspannt auf der Couch. So vergeht eine Zeit. Die Stunde ist beendet. Beide stehen ruhig und gelassen auf. Der Analysand verabschiedet sich, unauffällig wie immer, und geht.

Er kommt zur folgenden Stunde, legt sich hin und schweigt. Eine Spannung wird spürbar. Jetzt ringt er um Worte. Schließlich bringt er mühsam zum Ausdruck, daß es ihm unmöglich sei, etwas zu sagen. Er fühle sich gestört und eingeengt wie noch nie. Er sei wie gelähmt und unfähig, einen Gedanken auszusprechen. Es entsteht eine Pause. Der Patient gerät erneut in einen Erregungszustand. Er sagt: »Ich muß jetzt weggehen. Ich kann nicht anders, es geht nicht mehr.«

Der Analytiker gibt eine rekonstruktive Deutung: »Das Einengungsgefühl, das Sie quält, und die Unmöglichkeit, irgend etwas anderes zu tun, als wegzulaufen, hängt mit Ihrem Unfall in der Kindheit zusammen. Damals waren Sie gezwungen, von zu Hause wegzugehen, weil Sie in ein Krankenhaus gebracht werden mußten. In dieser Zeit hatten Sie die sexuellen Spiele mit den Mädchen betrieben und waren voller Neugier, zu erfahren, zu sehen und zu verstehen, was Sexualität bedeutet. Sie wollten wissen, was vorgeht, wenn Vater und Mutter miteinander schlafen. Sie wollten den Eltern im Schlafzimmer zuschauen. Damals wünschten Sie auch dem Vater die Hand auf die Schulter zu legen und ihm zu sagen, daß Sie ihn lieben und daß Sie von ihm geliebt werden möchten. Die Frage, die Sie in Ihrer Phantasie an den Vater gestellt haben, bedeutet doch nichts anderes als: ›Wenn du mich lieb hast, sagst du mir alles.‹ Genauso war es auch mit Ihrer Freundin beim Musizieren, als Sie zu improvisieren begannen. Zuerst sagten Sie Ihrer Freundin: ›Ich liebe dich doch.‹ Es war, als klopften Sie ihr liebevoll auf die Schulter, so wie Sie es in der Phantasie mit Ihrem Vater getan haben. Dann konnte auch die Frau aus sich herausgehen und Ihnen zu verstehen geben, daß sie Sie lieb hat. Es ist doch wichtig zu verstehen, daß Sie die Mitteilung Ihrer Freundin, sie sei mit Ihnen immer frigide gewesen, nicht etwa als eine Kränkung, sondern als einen Liebesbeweis erlebt haben. Das ist auch sehr verständlich, denn Ihre Freundin war in ihrer Liebe immer dadurch gestört, daß sie Ihnen nicht alles sagen konnte, was sie traurig stimmte.«

Hier unterbricht der Analysand die Deutung und sagt: »Vor einer Woche war es noch so, wie Sie sagen, aber jetzt ist alles verloren. Jetzt kann ich meine Freundin nicht mehr treffen. Ich könnte kein Wort zu ihr sagen. Ich bin gestört wie noch nie.« Er beginnt leise zu weinen.

Der Analytiker deutet: »Jetzt sind Sie ganz verzweifelt, weil Sie sicher sind, daß die Liebe, die Sie und Ihre Freundin im gemeinsamen Austausch erlebt haben, wieder erloschen und verschüttet ist. Das hängt damit zusammen, daß Sie, im Laufe der Vertiefung unserer Analyse, Ihre Liebesfähigkeit wiedergewonnen und Ihrer Freundin gegenüber zum Ausdruck gebracht haben. Alles scheint Ihnen jetzt verloren, weil diese Liebe einst, in Ihrer Kindheit, Ihrem Vater gegolten hatte. Sie hatten damals, als kleiner Junge, heftig um ihn geworben und nie eine Erwiderung erfahren. Ihr Vater konnte seine Liebe zu Ihnen nicht äußern. Es war sein Geheimnis, von dem er so wenig sprechen konnte wie Ihre Freundin von ihrer Frigidität. In den letzten Tagen waren Sie ganz mit den Erinnerungen an Ihre Kindheit beschäftigt. Die große Verzweiflung ist wieder in Ihnen aufgestiegen, weil Sie denken, Sie müßten nochmals den ganzen Schmerz erleben, den Sie erlitten hatten, als Sie sich vom Vater nicht geliebt fühlten. Das konnten Sie doch nur deshalb erinnern und wiedererleben, weil Sie hier in der Analyse und bei Ihrer Freundin gespürt haben, daß alles ganz anders geworden ist. In unserer analytischen Beziehung ist, vor allem, alles ganz anders, als es einst in der Beziehung zu Ihrem Vater war. Sie haben sich hier oft gewundert, warum Sie sich trotz Ihrer Störungen so wohlfühlen. Sie fühlen sich wohl, weil Sie mich lieben gelernt haben, wie Sie Ihren Vater heimlich liebten. Das ist aber nur möglich, weil Sie spüren, daß ich Sie verstehe, Ihre Zuwendung nicht zurückweise und mich Ihnen so zeige, daß Sie sich geliebt fühlen.«

Der Analysand weint jetzt nicht mehr. Er hat sich etwas entspannt. Leise sagt er, beinahe schüchtern: »Alles ist anders geworden. Ich verstehe nicht, was in den letzten Tagen in mir vorgegangen ist. Nach der letzten Stunde habe ich mich geschämt, weil ich Sie angebrüllt hatte.«

Es entsteht eine Pause. Dann fährt er, plötzlich ganz lebhaft, fort und sagt: »Was soll denn das heißen, daß in meiner Phantasie, vor acht Tagen, meine Mutter so idiotisch sagte: ›Sage nichts, bitte, sage nichts‹? Meine Mutter war doch nie so. Sie stand immer auf meiner Seite und ging viel lieber mit mir als mit meinem Vater spazieren. Sie erzählte mir auch oft, wie schwer es für sie war, den Vater zu verstehen. Er war zu alt für sie und konnte die Jungen nicht verstehen. Was soll denn diese Phantasie bedeuten: ›Sage nichts, bitte, sage nichts‹?«

Es ist nicht einfach, diese Frage des Analysanden zu beantworten. Zunächst fällt auf, daß er sich von seiner Krise erholt hat und nun neugierig zu forschen beginnt. Ist das in der aktuellen Übertragungsentwicklung möglicherweise Ausdruck einer Wiederholung seiner infantilen Sexualneugier? Will er seine Phantasien untersuchen, wie er als kleiner Junge die Mädchen erforschte? Er möchte verstehen, was die Mutter in seiner Phantasie meinte, wie er einst verstehen wollte, was der Geschlechtsunterschied bedeutet.

Das sind die Phantasien des Analytikers. Die Assoziationen des Analysanden sind aufschlußreicher. Wir folgen deshalb der Sukzession im Assoziationsverlauf und betrachten, was sich in den letzten Analysenstunden der Reihe nach abgespielt hat.

»Vor einer Woche hatten Sie zuerst Ihre Phantasie erzählt und dann über die Veränderung Ihrer Beziehung zu Ihrer Freundin gesprochen. In Wirklichkeit aber haben Sie zuerst mit Ihrer Freundin musiziert und dann, spät in der Nacht, jene Phantasie gehabt. In der Analyse haben

Sie zuerst von dem seltsamen Ausspruch Ihrer Mutter berichtet: ›Sage nichts, bitte, sage nichts.‹ Erst dann konnten Sie mir erzählen, daß Ihnen Ihre Freundin das Geheimnis ihrer Frigidität eröffnet hatte. Ihre Freundin sagte während all der vergangenen Jahre ständig zu sich selbst: ›Sage nichts, bitte, sage nichts‹.«
Jetzt lacht der Analysand zum ersten Mal. Der Analytiker fährt fort: »Während unserer Stunde haben Sie das ›Sage nichts, bitte, sage nichts‹ Ihrer Mutter in den Mund gelegt, bevor Sie mir berichteten, daß Ihnen Ihre Freundin alles gesagt hatte.«
Jetzt lacht der Analysand laut. Der Analytiker lacht mit und sagt: »Ich glaube, Sie hatten Angst, ich hätte plötzlich wütend werden und Sie anbrüllen können, wenn Sie mir zu Beginn der Stunde erzählt hätten, was sich mit Ihrer Freundin beim Musizieren ereignet hatte.«
Der Analysand wehrt ab: »Das kann nicht sein. Ich hatte mich doch darauf gefreut, Ihnen zu erzählen, wie schön es mit meiner Freundin gewesen war. Ich habe sie immer geliebt, ich konnte es ihr nur nicht zeigen.«
Der Analytiker: »Sie haben recht. Was ich soeben gesagt habe, ist absurd und paßt in keiner Weise zu unserer Beziehung. Wir müssen aber verstehen, daß seit dieser Stunde einiges geschehen ist, was ganz absurd ist und nicht zu unserer Beziehung paßt. Als Sie von Ihrer Kindheit sprachen, wurden Sie plötzlich ganz erregt und sagten, Sie würden sich aufreißen und alles zeigen. Das hatte ich nicht verstanden. Dann schrien Sie, Sie möchten mich anbrüllen. Das ist uns beiden absurd vorgekommen. Sie hatten sich geschämt. Heute sind Sie gestört und gehemmt gewesen, wie Sie es früher immer waren, und wollten davonlaufen, weil Sie sich selbst nicht mehr ertragen konnten. Das alles ist absurd und paßt nicht zu uns.
Seitdem wir wieder ruhig zusammen sprechen, hat sich alles normalisiert. Ich glaube, wir sollten versuchen, das Absurde zu verstehen. Es gehört nämlich zu dem, was Sie in Ihrer Kindheit phantasiert und erlebt haben. Ich vermute, es hängt mit Ihrer Mutter zusammen. Sie hatten sich als kleiner Knabe, und vor allem später, immer wieder mit Ihrer Mutter identifiziert. Ich meine, wenn wir diese Identifikation mit Ihrer Mutter in ihrer ganzen Bedeutung erfassen, verstehen wir auch das scheinbar Absurde, das sich in den letzten Tagen und heute ereignet hat.
Immer dann, wenn es Ihnen nicht gut geht, reagieren Sie so, wie Sie die Gefühle und Reaktionen Ihrer Mutter erlebt oder phantasiert haben.

Ihre Mutter hatte Angst vor Ihrem Vater. Sie befürchtete, er könnte sie anbrüllen, wenn er bemerkte, wie zärtlich und intim sie mit Ihnen, ihrem Sohne, umging. Als Sie am Montag nach dem Musizieren zu mir kamen, stellten Sie sich so ein, wie sich Ihre Mutter zu Ihrem Vater eingestellt hätte. Auch Sie sagten zu sich selbst: ›Sage nichts, bitte, sage nichts‹ und erzählten zuerst die Phantasie, als wollten Sie die Geschichte mit Ihrer Freundin verschweigen. Das war aber nur der Fall, bis Sie in Ihrer Phantasie die Mutter los wurden und wieder Sie selbst sein konnten. Sind Sie Sie selbst, können Sie ganz frei und angstfrei sprechen. Als Sie in den folgenden Stunden von Ihrer Kindheit erzählten, waren Sie plötzlich wieder in der Haut Ihrer Mutter. Sie waren erregt und wollten Ihre Kleider oder Ihren Körper aufreißen, wie Sie als kleiner Knabe phantasiert hatten, Ihre Mutter hätte es im Schlafzimmer vor dem Vater getan. Dann wollten Sie mich plötzlich anbrüllen, weil Sie sich dagegen zur Wehr setzten, mir gegenüber in die Rolle der Frau zu geraten. Sie hatten Angst, von mir vergewaltigt zu werden, wie die Mutter vom Vater vergewaltigt worden war. Ihr Wunsch, mich anzubrüllen, entspricht Ihrem Wunsch, ein Mann zu sein. Dann schämten Sie sich und kamen verstört zur heutigen Stunde. Ihre Verzweiflung drückt Ihre Überzeugung aus, daß Ihnen, trotz der Veränderungen, die Sie spüren, nichts helfen kann und daß Ihnen die Analyse sinnlos und ohnmächtig erscheint. Das stammt aus Ihrer Kindheitserfahrung. Damals kam Ihnen der Vater so mächtig vor, daß Sie sich selbst aufgegeben hatten; so etwa wie heute, zu Beginn der Stunde. Ich glaube, Ihre Verzweiflung hängt mit der entsetzlichen Verzweiflung Ihrer Kindheit zusammen, als Sie, schwer verletzt, von Ihren hilflosen Eltern ins Krankenhaus gebracht wurden. So hilflos, wie Ihre Eltern damals waren, muß ich Ihnen erschienen sein. Nur so kann man verstehen, weshalb Sie glaubten, Ihre Analyse könne zu nichts führen und es bleibe Ihnen nichts anderes übrig, als davonzulaufen.

Als Sie ins Krankenhaus kamen, hatten Sie entsetzliche Angst. Die Operation war etwas Unheimliches, Auswegloses, Zwingendes. Wie kann ein kleiner Knabe das verstehen? Er phantasiert und erlebt seine Krankheit wie eine Strafe. Er fühlt sich wegen seiner Wünsche, zu lieben und geliebt zu werden, bestraft. Er darf kein Mann sein. Er darf nicht wie sein Vater sein.

Sie erzählten mir, daß Sie nach einem Jahr aus dem Pflegeheim entlassen wurden und nach Hause zurückkehrten und daß Sie, nach den Aussagen Ihrer Eltern, ein ganz verändertes Kind gewesen waren. Von da an waren Sie immer scheu und brav. Sie wollten nicht mehr mit kleinen Mädchen spielen, sondern haben in der Schule fleißig gelernt. Sie sind tüchtig geworden, wie Sie es auch heute sind. Seither sind Sie auch überaus empfindlich. Wenn Ihr Vater Sie nur angeschaut oder irgend etwas zu Ihnen gesagt hat, duckten Sie sich und konnten kein Wort mehr herausbringen. Das war während Ihrer ganzen Jugend so. In der Pubertät hatten Sie Ängste und mußten sich allen Autoritätspersonen unterwerfen. Etwas in Ihnen war wie gebrochen. Sie spürten, daß Sie krank waren. Sie konnten sich niemandem gegenüber aussprechen. Auch Ihrer Freundin konnten Sie Ihre Gefühle nicht zeigen.«

Diese Deutung umfaßt die Zusammenhänge der traumatisierenden Einflüsse einer ganz bestimmten Phase der Kindheit und bewirkt beim Analysanden eine anhaltende Entspannung. In den folgenden Stunden spricht er zusammenhängend und ruhig über das, was in seinem aktuellen Leben vorgeht. Im Zuge seiner Erzählung sagt er plötzlich: »Von jetzt an kann ich alles sagen, was mir einfällt. Bisher habe ich in der Analyse überhaupt nicht richtig mitmachen können.«

Die Entspannung führt im weiteren Verlauf zur Vertiefung des analytischen Prozesses.

Der Analysand hat ganz offensichtlich in seiner Libidoentwicklung eine negativ-ödipale Bewegung durchgemacht. Ich meine damit, daß er in einer charakteristischen Weise am Ödipuskonflikt gescheitert ist. Kastrationsängste hatten ihn in der phallisch-narzißtischen Phase auf eine sado-anale Position zurückgeworfen. Mit anderen Worten, er hatte sich mit der Mutter identifiziert, statt mit dem Vater zu rivalisieren. Er hatte sich dem Vater unterworfen und blieb in der retentiven Haltung fixiert, die die negativ-ödipale Konstellation begleitet.

Die negativ-ödipale Tendenz hatte die Übertragung bisher bestimmt. Als er zu reden und schließlich musizierend zu improvisieren und mit seiner Freundin zu sprechen begann, und als er in seinen Phantasien seinem Vater auf die Schulter klopfte, wurde unter dem Druck des emotionalen Aufruhrs die negativ-ödipale Position in der Übertragung aufgegeben. Weil er sich mit dem Analytiker identifizierte, konnte er jetzt aus sich herausgehen und seine Gefühle zeigen, das heißt, er konnte eine phallisch-narzißtische, exhibitionistische Aktivität entwickeln. Diese neue, jetzt eingenommene Position war konfliktfrei und stellte einen Ausgangspunkt für neue Erfahrungen dar.

Es war ein Anfang, eine erste Möglichkeit, sich in einer Beziehung ohne

Angst phallisch-exhibitionistisch zu verhalten. Diese neue Erfahrungsmöglichkeit floß in die gute, von Konflikten freie Beziehung um Analytiker ein. Was sich an Phallizität zeigte, war durch die Übertragung gestützt. Getragen von der aktuellen, intensiven analytischen Beziehung schaute er konfliktfrei auf die verzweifelten Auseinandersetzungen der Kindheit zurück, an denen er gescheitert war. Der Blick zurück richtete sich auf das negativ-ödipale Triebschicksal, das in der Analyse reaktiviert worden war. Doch diese Reaktivierung war kein Prozeß, der die Übertragung spezifisch färbte, wie es der Fall war, als ich von der Lösung der Verknüpfung eines an bestimmte Erinnerungsspuren fixierten Affektes gesprochen habe. Damals ging es um die Veränderung der Übertragung nach Auflösung eines Übertragungswiderstandes. Es handelte sich vielmehr um ein Geschehen, das überhaupt nur möglich wurde, weil die Übertragung so haltbar phallisch-narzißtisch gefärbt war. Die frühinfantile, sado-anale Fixierung, die für das negativ-ödipale Triebschicksal typisch ist, wurde in einer Art und Weise reaktiviert und aktualisiert, die man mit der Vorführung eines aufregenden Films vergleichen könnte. Ähnlich, wie der Kinobesucher erschrickt, wenn er auf der Leinwand jemanden sieht, der vor Schrecken erstarrt, oder wie er sich an der Sitzlehne festhält, wenn jemand im Film irgendwo herunterzustürzen droht, macht der Analysand die affektiven Bewegungen mit, die sich ihm aus dem Erlebnisbereich seiner Kindheit in lebensnaher Art mitteilen.

Um diese Verhältnisse zu verdeutlichen, will ich sie mit einem anderen Beispiel vergleichen. Ich erinnere an den jungen Mann, der in einer beinahe halluzinatorischen Weise seinen Analytiker als schwerhörig erlebte und in einer bestimmten Phase der Analyse immer lauter zu sprechen begann, bis er seine Worte herausbrüllte. Als ihn der Analytiker fragte, warum er so laut rede, zeigte sich, daß ihn der junge Mann als schwerhörig erlebt hatte, weil sein Vater schwerhörig gewesen war. Dieser Vorgang zielt darauf, eine in Entwicklung begriffene Übertragung zu vervollständigen. Züge des einst frustrierenden Vaters werden auf die Person des Analytikers projiziert. Es soll – vom Unbewußten so gelenkt – eine Synthese zwischen dem Vater aus der Kindheit und der Person des Analytikers entstehen. Diese Dynamik folgt dem Druck des Wiederholungszwanges. Das Kontrasterlebnis, welches der junge Mann in der analytischen Situation wahrnimmt, wenn er sich seiner Projektion bewußt wird, erzeugt ein Gefühl der Befremdung. Der Affekt, der im lauten Reden und Anbrüllen des schwerhörig gewähnten

Partners Ausdruck findet, wird durch das Bewußtwerden der Zusammenhänge freiflottierend und macht das Ich für die unbewußten Regungen triebfreundlicher, die in die Übertragung fließen. Das Kontrasterlebnis, von dem ich soeben sprach, erfaßt nur einen, zunächst kleinen Teil des konfliktvollen frühkindlichen Erlebnisbereiches. Die Vorstellungen, Erinnerungen und Erfahrungen, die dabei eine zentrale Rolle spielen, sind und waren immer bewußt: Der junge Mann war sich immer im klaren, daß sein Vater schwerhörig war. An dieses bewußte Wissen hatte er Teile der Konfliktneigung geknüpft, deren wichtigste Ursachen aber bereits in der Kindheit unbewußt, also verdrängt gewesen waren.

Ich will nun nochmals auf den fundamentalen Unterschied der beiden Prozesse hinweisen. Die Metapher des Films, den man sich als Kinobesucher ansieht, eignet sich gut dazu. Wenn der junge Mann in der Übertragungsentwicklung eine Gewißheit ausbildet, sein Analytiker sei schwerhörig, kann die Reaktivierung mit einem Film verglichen werden, den man einst vom Zuschauer selbst gedreht hatte und den er sich jetzt ansieht. Er erkennt sich selbst, zum Beispiel im Alter von 15 Jahren mit seinen Hunden spielend. Er erlebt diese Filmszenen so, als wäre er für kurze Zeit wieder der Fünfzehnjährige. Dann geht das Licht an, der Film ist zu Ende. Er steht auf und betrachtet sich im Spiegel. Da kann es gut sein, daß er ein befremdendes Gefühl empfindet, wenn er sich jetzt zum Fünfzigjährigen gealtert sieht und erkennt, daß er soeben einer Illusion anheimgefallen ist.

Im Falle einer rekonstruktiven Sinndeutung nimmt der Analysand das, was einst war, nicht so zur Kenntnis, wie er damals war, sondern wie er jetzt ist, das heißt, er ist bereits verändert und schaut zurück, um zu verstehen, was in ihm vorging, als er noch so war, wie er jetzt nicht mehr ist. Darin liegt eine Antithese der Dynamik, auf die es ankommt. Sie ist entscheidend, denn erst unter diesen Voraussetzungen verlieren die unbewußten Regungen und Vorstellungen ihre verdrängende Kraft.

Der Analysand, der glaubte, sein Analytiker sei schwerhörig, nimmt die Deutung seiner Projektion so zur Kenntnis, wie er auch seit seiner Kindheit zum Beispiel die Schwerhörigkeit seines Vaters zur Kenntnis genommen hatte. Was ihn befremdet, ist nicht etwa die Erfahrung, daß er nicht mehr der gleiche ist wie früher, sondern daß er irrtümlich angenommen hatte, sein Analytiker sei auch schwerhörig, als ob alle älteren Männer schwerhörig seien. Dabei weiß er genau, daß die meisten Männer, denen er begegnet, gut hören. Dieser Analysand schaut also zurück und versteht, was in ihm vorgeht, und daß das, was in ihm vorgeht, noch immer dasselbe ist, was schon immer in ihm vorgegangen ist. Er erkennt allmählich, daß er genau so konfliktvoll ist, wie er es bereits als Kind war, obschon er kein Kind mehr ist. Darin liegt die Synthese der Dynamik. Sie führt den analytischen Prozeß weiter. Es kommt schließlich so weit, daß der Analysand erkennt, daß fremde Einflüsse aus vergangenem Erleben in die aktuelle analytische Beziehung wie Fremdkörper einfließen.

Die Antithese der Dynamik einer rekonstruktiven Deutung stabilisiert eine innerpsychische Wandlung, die im analytischen Prozeß zustandegekommen ist. Jetzt sind die frühkindlichen konfliktvollen Erlebnisbereiche wirklich fremd und gehören nicht mehr zum aktuellen Erlebnisbereich. Sie erscheinen wie ein Echo aus früher Zeit und haben in charakteristischer Weise keinen Einfluß mehr auf die Übertragung. Die decken zwar die Übertragung momentan zu, Wolken vergleichbar, die die Sonne verdecken. Aber die Deutung dieser Störung in der Beziehung bewirkt unmittelbar eine Klärung. Der Analytiker muß das wissen, denn es kommt darauf an, daß in einer solchen Entwicklung alles gedeutet wird. Keine Störung der Übertragung darf jetzt ungedeutet bleiben. Manchmal gelingt die Behebung solcher Echo-Einflüsse nicht schnell und leicht. Beharrlichkeit und umfassende Sinndeutungen frühkindlicher Erlebnisweisen sind dann in der analytischen Arbeit entscheidend.

Ich will auf das Beispiel zurückkommen. Die Deutung, die der Analytiker gegeben hat, betraf den Erlebnisbereich einer ganz bestimmten Zeit der Kindheit des Patienten. Die Zusammenhänge, die sich klären, haben nun nicht mehr den Charakter von Erlebnisweisen, die dem Ich vertraut und adäquat erscheinen. Der Erlebnisbereich wirkt fremd, weil in der Übertragung die phallisch-narzißtische Position synton und ichgerecht erlebt wird und zum Bild des Selbst gehört. Der Patient spürt, daß etwas anders geworden ist, wenn er in den Analysenstunden frei und ohne Störungen sprechen und mit seiner Freundin in eine echte, offene Beziehung treten kann. Diese neuen Erlebnisweisen der phallisch-exhibitionistischen Tendenzen werden jetzt als authentisch und zum Ich passend erlebt. Das Angebot, das aus der Fixierung der sado-analen Position stammt, die gleichsam als Erbe dieser Phase neurotischer Entwicklung übriggeblieben ist, hängt wie ein Fremdkörper in der Übertragung des Analysanden. Das ist die Voraussetzung dafür, daß die Rekonstruktion der Kindheitskonflikte verknüpft wird mit den realen Gegebenheiten, von denen man Kenntnis bekommen hat, und den dazugehörenden Erinnerungen, die der Analysand im Verlauf der ganzen bisherigen Analyse gebracht hat. An dieser Stelle wird die Deutung umfassend und zieht alles, was bekannt geworden ist, herbei, um die rekonstruktive Deutung zu vervollständigen.

Der Analysand ist in dieser Phase sehr kollaborativ und bringt in der Regel massenhaft zusätzliche Erinnerungen und Ergänzungen, die die Einsicht in die frühkindliche Erlebnisweise vertiefen. Das bezeichnet man dann als die Phase des Durcharbeitens. Sie kann lange dauern und wird vor allem vom Analysanden selbst bestritten. Er assoziiert und bringt immer mehr Material. Er erweitert die rekonstruktive Deutung. Der Analytiker trägt mit seinen Gedanken und Einfällen dazu bei, daß ein immer klareres Bild jener Position bewußt wird, die krankmachend war. Diese Einsicht ist nur möglich, wenn in der Übertragung genau diese Position, die die Deutung erfaßt, überwunden ist. Dann wirkt die rekonstruktive Deutung für die unmittelbar zuvor eingeleitete, neue phallisch-exhibitionistische Erlebnisweise stabilisierend.

In der wichtigen Stunde, als die rekonstruktive Deutung ihren Höhepunkt erreichte, zeigte der Patient eine sehr heftige Reaktion. Er sagte, er müsse weglaufen, er halte die ganze Situation nicht mehr aus.

Waren das ödipale Kastrationsängste?

Man könnte sagen, der Analytiker sei jetzt in die Rolle des frustrierenden Vaters geraten, der eine kastrierende Wirkung ausstrahlt. Deshalb fühle sich der Analysand entsetzlich eingeengt und empfinde einen Drang wegzugehen. Folglich sei die Kastrationsangst in der Übertragung wirksam.

Das wäre eine irrtümliche Annahme, denn die Analyse ist noch nicht soweit fortgeschritten. Zweifellos ist aber Kastrationsangst mobilisiert worden, doch handelt es sich um eine Kastrationsangst im sado-analen Gewande, das heißt in ihrer negativ-ödipalen, regressiven Ausdrucksform. Die wirkliche Aktivierung der ödipalen Konfliktsituation wird sich erst später entwickeln können.

In meinem Beispiel befindet sich die Analyse in einer Phase, in welcher der Analysand überhaupt erst beginnt, sich phallisch-exhibitionistisch einstellen zu können. Die analytische Weiterentwicklung wird voraussichtlich dazu führen, daß der Analysand mit dem Analytiker in Rivalitätskonflikte gerät, die dann tatsächlich ödipalen Charakter haben werden. Es genügt nicht zu sagen, ein Analysand entwickle Ängste in

der Übertragung, und dann anzunehmen, diese Ängste seien ödipale Kastrationsängste. Es genügt aber auch nicht, wenn man sagt, dieser Patient stehe in der Übertragung in einer phallisch-narzißtischen Position und entwickle Ängste, die ödipaler Natur seien. Richtig ist vielmehr, daß er seiner Freundin gegenüber eine Phallizität entwickelt hat und sich auch in der Übertragung phallisch fühlt. Dabei ist er charakteristischerweise angstfrei. Er war ja während des Musikabends ganz entspannt und war auch ganz ruhig und ausgeglichen, als er die nächtliche Phantasie ausbildete. Man kann in einer solchen Entwicklung gewiß nicht von ödipaler Kastrationsangst sprechen. Es handelt sich um ein Stadium der Analyse, in welchem er die phallische Exhibition etwa so genießt, wie der kleine Knabe, wenn er mit dem Hund spazieren geht, der größer ist als er, die Herrschaft über diesen genießt. Auch in der analytischen Beziehung, in der Übertragung also, genießt der Analysand die ruhige und entspannte emotionale Lage, in der er sich angstfrei phallisch-narzißtisch fühlen kann.
Es ist ein Unsinn, in einer solchen Phase vom kastrierenden Vater zu sprechen, der in der Übertragung die Phallizität des Analysanden bedroht. Man sollte sich vielmehr darüber im klaren sein, daß Ängste, die dann auftreten, wenn eine rekonstruktive Deutung fällig ist, nicht Ängste in der Übertragung darstellen. Wenn in der Übertragung entsprechend dem hierarchischen Entwicklungsschema der Libido eine bestimmte Position durch eine nächst höhere abgelöst wird, vollzieht sich eine Wandlung der Übertragung, die das Signal für eine rekonstruktive Deutung gibt. Dann treten Symptome auf, die dem Analysanden fremd erscheinen, obschon die Tendenz genau gleich erlebt wird wie früher. Das befremdende Gefühl kommt daher, daß die Erfahrung noch ganz frisch in Erinnerung ist, daß alles ganz anders geworden war. Der Analysand könnte dann sagen: »Ich verstehe gar nicht, was ich jetzt habe. Es war so schön mit meiner Freundin, als wir zusammen musizierten, und jetzt bin ich wieder in der gleichen verzweifelten Lage wie früher.« Nun darf man die Bedeutung der wirklichen, neuen Erfahrung nicht unterschätzen, die der Analysand im analytischen Prozeß gemacht hat. In unserem Fall war es so, daß er mit seiner Freundin seit elf Jahren verlobt ist und mit ihr noch nie in eine freie und offene Beziehung kommen konnte. Jetzt hat er die neue Erfahrung gemacht. Es ist eine phallisch-exhibitionistische Aktivität, die er an sich erlebt hat. Er staunt über die Wirkung, die sein neues Verhalten hatte. Er unterschätzt die Aussage seiner Freundin nicht, die zum ersten Mal von ihrer Frigidität

sprechen kann. Er unterschätzt auch seine neue Fähigkeit nicht, auf eine Äußerung seiner Freundin nicht mit Beleidigtsein reagieren zu müssen.

Es stellt sich also die entscheidende Frage, weshalb der Analysand nun trotzdem wieder verkrampft, gespannt und von heftigen Angstzuständen geplagt wird.

Man kann da nicht sagen, der analytische Prozeß gehe eben stets mühsam vorwärts oder der Analysand regrediere erneut unter dem Druck der Kastrationsängste, verhalte sich wieder neurotisch, weil das Beharrungsvermögen der Fixierungen so groß sei, und dergleichen mehr.

Die Verhältnisse sind anderer Art. Die Rekapitulation der Symptome hat jetzt eine neue Bedeutung erlangt. Die Symptome werden als befremdend empfunden, als etwas, was überhaupt nicht mehr zum Bild seiner Person paßt. Das Ganze hat den Anschein einer Pantomime. Es sind affektfreie Äußerungen, wie Gesten ohne Worte, die etwas vorführen. Der Analytiker kann da nicht sagen, sein Analysand führe immer dasselbe vor, denn jetzt führt er seine Symptome in einer Art vor, die man in ihrer ganzen frühinfantilen Bedeutung verstehen kann. Die Rekapitulation der Symptome stellt in der neuen Übertragungsposition, in unserem Beispiel der phallisch-narzißtischen, eine Neuformulierung dar. Das Befremden, das der Analysand erlebt, ist die gleiche Befremdung wie jene, die er als Kind empfunden hatte, als er, ohne es zu verstehen, in einer bestimmten Weise reagieren mußte. Als Kind hatte er die enorme Lust, sich Vater und Mutter gegenüber phallisch-exhibitionistisch zu äußern, ihnen zu gefallen, stolz mit dem großen Hund des Vaters spazieren zu gehen. Diese Lust und Freude an der eigenen Schönheit wurde in befremdender und unverständlicher Form erstickt und zur negativ-ödipalen Unterwerfung gebrochen. Er erlitt einen Unfall und mußte ins Krankenhaus. Die Neurose war in vollem Umfang ausgebildet.

Diese Geschichte führt der Analysand gleichsam pantomimisch vor und exhibiert damit in seiner neu erworbenen phallischen Haltung vor dem Analytiker. Der Analytiker ist Zuschauer und versteht die Vorführung, indem er sagt: »Jetzt verstehen wir die Geschichte ohne Worte, dieser heftige Drang, unbedingt weglaufen zu müssen. Das war im Leben schon einmal so, als Sie nämlich nach Ihrem Unfall ins Krankenhaus geschickt wurden.«

Der Analysand reagiert mit einem staunenden Verstehen. Er erkennt, daß damals in seiner Kindheit gerade dieses Ereignis besonders schlimm gewesen war. Das kann er deshalb erkennen, weil alles anders geworden ist, seitdem er phallisch-exhibitorisch musiziert hat und dann der frustrierenden Bemerkung seiner Freundin in phallisch-exhibitorischer Weise begegnen konnte. Als Kind mußte er sich passiv ergeben. Jetzt geht er aktiv, die Hindernisse durchstoßend, in seine Umwelt. Diese Kontrasterlebnisse, die der Analysand im Verlaufe einer rekonstruktiven Deutung zu spüren bereit ist, die tief in den Erlebnisbereich seiner Kindheit eingreifen und die dazu führen, daß dort Ich wird, wo bisher Es war, diese Kontrasterlebnisse ergeben den stabilisierenden Effekt. Sie sind die Pfeiler, auf welchen das nächstfolgende »Stockwerk« des Baues, den der analytische Prozeß darstellt, aufgerichtet werden wird. Diese Pfeiler müssen fest verankert sein, denn im weiteren Verlauf der Analyse werden immer größere emotionale Bewegungen das Ich zu erschüttern suchen, weil immer tiefere Konfliktneigungen reaktiviert werden. Allmählich nähert sich dann die Analyse dem Hauptkonflikt, dem Scheitern an der ödipalen Auseinandersetzung.

Die freie Entfaltung der emotionalen Bereitschaft des Menschen, auf alles Mögliche einzugehen, auf neue Objekte, auf andere Menschen, auf neue Interessen, die sich im Laufe des Lebens wandeln, stößt auf den Widerstand des Wiederholungszwanges. Man muß immer wieder dasselbe tun, muß immer wieder dasselbe besetzen, was einst besetzt worden war, als das Kind auf einen Konflikt stieß, den es nicht bewältigen konnte und der in die Verdrängung versank. An seiner Stelle wurde eine Abwehr aufgerichtet, die die Besetzungen bestimmte. Der Wiederholungszwang folgt diesen Besetzungen. Die Emotionalität stößt dann dauernd auf diese Hindernisse, das ganze weitere Leben. In der Analyse erscheinen die gleichen Besetzungszwänge in der Übertragung. Der Begriff der Übertragung umfaßt alles, was aus der Vergangenheit des Erlebten in die analytische Beziehung einfließt.

Der Wiederholungszwang ist ein Zwang, weil in den Entwicklungsschritten, die das Kind macht, die Einwirkungen der wichtigsten Figuren einen so definitiven und nachhaltigen Eindruck hinterlassen, wie keine späteren Einflüsse es mehr vermöchten. Das ist deshalb so, weil die Plastizität der psychischen Funktionen mit zunehmender Ausformung abnimmt.

Es kann nicht gleichgültig sein, ob das Kind, wenn es dabei ist, autonome Funktionen zu entwickeln, an diesem festzuhalten, jenes loszulassen und sich selbständig zu bewegen, dauernd frustriert wird und sich unterwerfen muß oder nicht. Ziehen wir ein anderes Kleinkind zum Vergleich herbei, beispielsweise das Kleinkind des Volkes der Dogon in Westafrika, das die anale Phase völlig konfliktfrei durchläuft: Dieses Dogonkind zeigt in seinem späteren Leben keine sado-analen Fixierungen. Es muß nicht im Wiederholungszwang dauernd alles zurückhalten, wenn sich bestimmte Wünsche durch Triebregungen äußern. Es wird keinen Geiz im Umgang mit dem Geld oder den Nahrungsmitteln ausbilden.

Im Falle einer sado-analen Fixierung mußte das Kind während der analen Trotzphase alles loslassen, als es unbedingt alles zurückhalten wollte. Es ist an der Erfüllung seiner Wünsche gescheitert. Später, als Erwachsener, fühlt es sich stark genug, die Wünsche der Trotzphase nachträglich zu erfüllen. Diese Tendenz hat sich gleichsam verewigt und schlägt sich überall nieder, wo sich Forderungen anmelden oder Aufgaben zeigen. Im Schulalter zeigt sich das »Ich wollte nicht, aber ich mußte, jetzt muß ich nicht« darin, daß die Schulaufgaben nicht gemacht werden, später darin, daß man für andere kein Geld ausgeben will oder sexuell mit keinem anderen verkehren mag. Das sind Beispiele für Wiederholungsstationen einer sado-analen Fixierung, die den emotionalen Bereich des Menschen entscheidend beeinflussen.

Der Wiederholungszwang ist der Zwang, immer wieder die gleichen Besetzungen vorzunehmen, die in einer wichtigen Phase der Entwicklung internalisiert worden sind. Nehmen wir als Beispiel einen Lernprozeß. Man kann bei einem Schreiner lernen, wie man Holz sägt, wie man etwa, was dem Fachmann mühelos gelingt, die vier Beine eines Tisches so kürzt, daß der Tisch danach nicht wackelt. Wer einen solchen Vorgang wirklich beherrscht, wird die dazu notwendigen Bewegungen in einer ähnlichen Situation automatisch wiederholen. Das ist der Niederschlag der Erfahrung. Wenn man etwas Unsinniges erlernt, ohne zu bemerken, daß es unsinnig ist, stellt sich der gleiche Wiederholungsautomatismus ein. Auch er baut auf der Erfahrung auf. Erst wenn das Unsinnige solchen Handelns bewußt, wenn das Kontrasterlebnis Wirklichkeit wird, entsteht eine neue Erfahrung, die den Wiederholungszwang unterbricht. Im psychischen Bereich ist das Unsinnige nicht so leicht zu erkennen wie beim Sägen von Holz. Das Unsinnige steht mit dem Bild, das wir von uns haben, in Übereinstimmung, weil es primärprozeßhaft, das heißt unbewußt ist. Durch Rationalisierungen wird es dem Ich zugänglich und annehmbar gemacht.

Die rekonstruktive Deutung ist durch den Schnittpunkt charakterisiert, an dem sie liegt, um den Wiederholungszwang zu durchbrechen. Die Inhalte, die die verschiedenen Erlebnisse anekdotisch verknüpfen, sind nur die Stationen auf den Linien, die sich schließlich in diesem Schnittpunkt treffen. Die sinngebenden, inhaltlichen Verknüpfungen der Kindheitserlebnisse sind wichtig. Es ist aber interessant festzustellen, daß zum Beispiel der Hinweis, das Engegefühl und der innere Drang, sofort weglaufen zu müssen, habe mit dem Unfall etwas zu tun, den der Analysand mit fünf Jahren erlitten hatte, über lange Zeit als etwas völlig Belangloses aufgefaßt wird und dann plötzlich im Erleben des Patienten eine ungeahnte Wirkung bekommen kann. Das Entscheidende an dieser Wandlung im Erleben liegt im Übertragungsgeschehen, und zwar dort, wo die eine Position in die andere übergeht. Doch darf man nicht glauben, die rekonstruktive Deutung sei die Lokomotive, die die Analyse von einer Übertragungsposition in eine andere zieht. Die Übertragung wandelt sich, und dann ändert sich die Bedeutung dessen, was dem Wiederholungszwang unterliegt. An dieser Stelle wird die rekonstruktive Deutung gegeben. Fällt sie aus, regrediert der Analysand meistens auf die infantile Position seiner pathogenen Fixierung.

Der Wiederholungszwang wird durch eine Umbesetzung gelöst. Diese Umbesetzung ist die Folge einer ökonomischen Zurückführung der Affektbesetzungen der Abwehrprozesse auf das ursprünglich entscheidend gewesene Ereignis oder Erlebnis der Kindheit. In unserem Beispiel waren es der Unfall und die Operation, die die Trennung vom Elternhaus zur Folge hatten.

Der Prozeß der Umbesetzung gelingt nur innerhalb der Dynamik im Übertragungsgeschehen und wird durch die rekonstruktive Deutung ermöglicht, die dann gegeben wird, wenn sich in der analytischen Beziehung die Libidobesetzungen qualitativ verändern. In unserem Beispiel war die qualitative Veränderung am phallisch-narzißtischen Erlebnisbereich erkennbar.

10. Viele Wege führen zu keinem Ziel

In meinen Ausführungen über die psychoanalytische Technik habe ich versucht, so zu sprechen, wie es zu mir paßt. Ich habe nicht die Psychoanalyse beschrieben, sondern über Psychoanalyse gesprochen, wie ich sie verstehe. Ich wollte zeigen, daß ich als Analytiker nicht mit einer Einstellung an den Analysanden herangehe, als wäre dieser voll pathologischer Abwehr. Es lag mir daran zu betonen, daß es im analytischen Prozeß um eine Befreiung und Erweiterung der Emotionalität geht und daß die Analyse im Zuge der Übertragungsentwicklung zu einem tiefen emotionalen Aufruhr führt: nur der Aufruhr vermag neurotische Fixierungen zu lockern.

Der Analytiker und der Analysand sind konfliktvolle Partner in der analytischen Beziehung. Beide betrachte ich als möglichst gesunde und gut funktionierende Persönlichkeiten. Der Schwerpunkt liegt immer auf jenen emotionalen Anteilen der psychischen Systeme, die den analytischen Prozeß fördern und in Gang halten. Das gilt für die Beurteilung des Analysanden wie für die Beurteilung des Analytikers, wenn er beispielsweise zu einem erfahrenen Kollegen geht, um mit ihm die Analyse, die er mit einem Patienten durchführt, zu besprechen. Nur wenn der Analysand die Bereitschaft mitbringt, die Bedingungen der analytischen Situation anzunehmen, kann eine Analyse eingeleitet werden. Das gilt auch für den Analytiker. Er kann nur dann analytisch arbeiten, wenn er die Gesetzmäßigkeiten der psychoanalytischen Technik und der Metapsychologie respektiert. Ist er anderer Meinung oder verwendet er andere Techniken, macht er mit seinen Patienten etwas anderes. Es ist gewiß nicht notwendig, Menschen, die unter Konflikten und Schwierigkeiten leiden, in jedem Falle zu einem analytischen Prozeß zu veranlassen. Es gibt auch andere Wege als die Analyse. Sie sind an anderen Kriterien zu messen.

Wenn ich mit einem Analysanden eine Analyse einleite, muß ich ihm offen und ohne Vorurteile begegnen. Ich gehe auf ihn zu, als ob er keine Neurose und keine Schwierigkeiten hätte. Vor allem aber darf ich selbst keine Schwierigkeiten haben, mich mit meinem Partner in eine Beziehung einzulassen.

Ich habe betont, daß verdrängte Triebregungen und Vorstellungen, die sich bei der Entwicklung der analytischen Beziehung bemerkbar machen, vom Analysanden gewöhnlich als etwas Befremdendes empfunden werden. Demgegenüber erscheinen alte Abwehrleistungen, die gewöhnlich bereits in der Kindheit gegen unverträgliche Triebregungen oder bei frustrierenden Einwirkungen von außen aufgerichtet wurden, in der analytischen Beziehung als Haltungen und Ausdrucksweisen, die subjektiv zum Ich gehörend empfunden werden. Obschon es sich um Reaktionsbildungen handelt, die nur in der Kindheit dem Erlebnisbereich wirklich entsprachen, bleiben sie im Erwachsenenalter und im ganzen weiteren Leben, gleichsam als Erlebnismuster, beibehalten und werden ohne befremdende Empfindungen in das Bild der eigenen Person integriert. Diese alten Ichleistungen, die anachronistischen Charakter haben, passen im Grunde nie zum erwachsenen Erlebnisbereich der Persönlichkeit und haben einen wesentlichen Anteil an den neurotischen Konfliktneigungen. Sie erscheinen in der analytischen Beziehung oft im Gewande triebhafter Ansprüche und Wünsche.

Die verdrängten Triebregungen, also Anteile des Es, sowie die alten, anachronistisch auftretenden Abwehrleistungen des Ich sind oft für besondere Schwierigkeiten verantwortlich, die dann auftreten, wenn die Gefühle in der Übertragung schnell ansteigen und infolge ihrer Intensität verdrängt werden. Der Analysand fühlt sich dann überbeansprucht, ohne es zu realisieren. Im emotionalen Bereich treten Störungen in der Übertragung auf. Die Gesichtspunkte, die das emotionale Angebot des Analysanden, seine Triebhaftigkeit und die damit in Verbindung stehenden Gefühle erfassen, sind für mich viel wichtiger als jene, die die Abwehr und die Widerstände in den Mittelpunkt rücken. Denn sie fallen viel stärker ins Gewicht, wenn ich mich im analytischen Prozeß orientiere, damit meine Beziehung zum Analysanden stimmt. Das heißt aber nicht, daß ich der Abwehr und den Widerständen meine Aufmerksamkeit entziehe. Vielmehr ist es mir überhaupt erst möglich, die Äußerungen der Abwehrorganisation im Ich des Analysanden, die sich sehr bald und sehr deutlich bemerkbar machen, zu erkennen und zu verstehen, wenn ich mich zu meinem Partner so einstellen konnte, wie es zu mir paßt und ihm entspricht, das heißt so, daß die Beziehung stimmt.

Ich darf in der Analyse nicht unmerklich zum Feind der emotionalen Bewegung meines Analysanden werden. Das kommt bei den Analytikern viel häufiger vor, als man annehmen möchte. Jeder Analysand kommt mit einer großen Bereitschaft, sich in die Analyse einzulassen. Ob er sie zeigen kann, ist eine andere Frage. Als Analytiker habe ich diese Bereitschaft anzuerkennen und die Beziehung nicht mit einer Reihe nebensächlicher Anweisungen in eine Richtung zu lenken, die dem Analysanden gar nicht zusagt, nicht zu ihm paßt und in welcher er sich zurückgewiesen fühlt. Wenn der Analysand schwer gehemmt ist, kaum sprechen kann, durch seine Symptome verzerrt und verkrümmt erscheint, darf ich keineswegs folgern, er zeige diese Bereitschaft nicht. Kommt er nur regelmäßig zu den Sitzungen, liegt diese Bereitschaft auch vor. Ich bin dann gut beraten, wenn ich meinem Analysanden entgegenkomme, ihm helfe, diese Bereitschaft, die er mitbringt, auch zu spüren. Der Analysand kann dies, wenn ich, sein Partner, die gleiche Bereitschaft zeige. Als Analytiker sollte ich darum in meiner Phallizität nicht gehemmt sein. Man erwartet von mir umfassende Triebfreundlichkeit und keine Exhibitionshemmung. Als Analytiker muß ich dafür sorgen, daß die Beziehung in Gang kommt. Da ist es ungünstig, gleich zu Beginn nach Widerständen zu suchen.

Die meisten Menschen wünschen in Analyse zu kommen, wenn sich eine Konfliktsituation in ihrem Leben besonders zugespitzt hat. Sie bieten den aktuellen, unlösbaren Konflikt an, eine nicht mehr tragbare Ehekrise, eine Verzweiflung, die nur noch im Suizid eine Lösung sieht, eine berufliche Katastrophe, die die Lebensbedingungen des Patienten und seiner Familie in Frage stellt, eine schwere Rauschmittelsucht oder eine gerichtliche Verfolgung. Solche Angebote sind im Grunde unanalytisch. Eine Psychotherapie erscheint dann geeigneter. In der Psychotherapie geht man fokal vor. Im analytischen Prozeß dagegen muß die Ausgangsbasis breit sein. Mit einer Analyse kann ich nicht schnell eine Lösung finden oder irgendein Problem, das einen Patienten plagt, überbrücken. Die Analyse eignet sich auch schlecht dazu, einen Patienten in einer unangepaßten Stellung der Gesellschaft gegenüber schnell wieder der herrschenden Gesellschaftsmoral anzugleichen, ihm zu helfen, ein guter Schüler, ein braver Angestellter oder ein erfolgreicher Geschäftsmann zu sein. Der analytische Prozeß folgt Übertragungsstrukturen und Entwicklungslinien, die nicht den Strukturen der Gesellschaft entsprechen, in der wir leben. Der analytische Prozeß ist kein Mittel, um sich in einem linearen Verlauf immer besser und immer glücklicher zu fühlen. Wer all das sucht, wird es in der Analyse nicht finden. Die Erfüllung solcher Erwartungsvorstellungen ist auch nicht das Kriterium des Abschlusses einer Analyse. Bei der Beendigung der Analyse trennen sich Analytiker und Analysand, aber der eingeleitete

Prozeß schreitet fort. Der Analysand übernimmt selbst die Funktionen, die der Analytiker bisher erfüllt hatte. Das meinte Freud, wenn er davon sprach, daß die endliche in die unendliche Analyse übergeht.
Damit sich der analytische Prozeß in dieser Richtung entwickeln kann, müssen Analytiker und Analysand von Anfang an die Bereitschaft mitbringen, Schwierigkeiten, die sich einstellen, anzunehmen. Vertieft sich die analytische Beziehung zwischen den beiden Partnern, treten Triebansprüche, Gefühle und Phantasien in Erscheinung, die störend wirken. Ich habe deshalb frühzeitig dafür zu sorgen, daß ich bereit bin, dem Analysanden ganz offen und ohne eigene psychische Störungen und Schwierigkeiten zu begegnen. Aufgrund dieser ersten Erfahrung entsteht die Übertragung, die immer aus den Quellen der emotionalen Bereitschaft stammt, die beide, Analysand und Analytiker, mitbringen. Es gibt zweifellos Fälle, in welchen diese Bereitschaft beim Analysanden nicht vorliegt, doch ist es auffällig, wie selten das vorkommt.

Vor nicht langer Zeit hatte man mir einen Fall vorgestellt, in welchem diese Bereitschaft fehlte. Der Analytiker hatte alles versucht und herbeigezogen, um die Analyse in Gang zu bringen. Es handelte sich um eine Frau, die in Vietnam tätig gewesen war, später in Afrika lebte und die in einem schweren Konflikt mit einem Mann stand, der mit ihr in den Tropen gearbeitet hatte. Sie fühlte sich außerordentlich bedrängt und bildete eigenartige Ängste und Erschöpfungszustände aus. Das ganze Bild entwickelte sich in der Richtung einer beinahe paranoiden, psychosenahen Störung, die sich aber eher wie eine Phobie auswirkte. Die Patientin kam in die Schweiz zurück, war völlig erschöpft und arbeitsunfähig, von hysteriformen Zuständen geplagt und depressiv. Sie wurde im Spital durchuntersucht. Man fand nichts Besonderes und wies die Patientin dem Psychiater zu. Der Psychiater schlug eine Analyse vor. In ihrer Hilflosigkeit zeigte sich die Patientin einverstanden und suchte den Analytiker auf, der mit ihr die Analyse einleitete.
Diese Analyse scheiterte am Fehlen jener emotionalen Bereitschaft, von der ich so viel gesprochen habe.
Als mir dieser Fall vorgestellt wurde, hatte ich das Protokoll bereits überdacht. In zweistündiger Diskussion mit den Ärzten und Analytikern habe ich aus dem Verlauf der achtmonatigen analytischen Bemühungen zunächst alle Vorwürfe, die man gegen den Analytiker vorbrachte, zurückgewiesen, weil sie nicht haltbar waren. Der Analytiker hatte sich ganz adäquat eingestellt. Er war emotional bereit gewesen, sich einzu-

lassen, hatte die Patientin in keiner Weise zurückgewiesen oder sonst frustriert. Er hatte alles versucht, und seine Versuche waren im besten Sinne analytisch orientiert. Die Beziehung wurde immer gespannter und engte sich trichterförmig ein. Die Patientin begann dem Analytiker Geschenke zu bringen und weinte still und schüchtern während der Stunden. Sie konnte nicht richtig verstehen, was in ihrer Analyse eigentlich geschehen sollte. Aus diesem Widerspruch habe ich abgeleitet, daß die Patientin mit größter Wahrscheinlichkeit physisch und nicht psychisch krank war. Ich empfahl, sie nochmals medizinisch zu untersuchen und einen erfahrenen Tropenmediziner beizuziehen, denn ich vermutete eine tropische Krankheit, wie sie in unseren europäischen Spitälern bei Routineuntersuchungen oft übersehen wird. Ich war überzeugt, daß diese Frau krank war. Meine Vermutung wurde bestätigt. Die Patientin litt unter Amöbendysenterie.

Aus eigener Erfahrung weiß ich, wie heimtückisch tropische Krankheiten sein können. Aus Afrika zurückgekehrt, litt ich vor Jahren unter schwer faßbaren Störungen mit starken vegetativen Begleitsymptomen. Die Kollegen, die mich untersucht hatten, konnten nichts finden und vermuteten eine Neurasthenie, die sie mit meiner Neurose in Verbindung brachten. Ich war bereits selbst davon überzeugt, einer schweren neurotischen Regression zu unterliegen, nachdem man mich in einem Spital, das mit Tropenkranken Erfahrungen hatte, genau untersucht und wiederum nichts gefunden hatte. Ein Tropenarzt entdeckte schließlich die Lambliasis, unter der ich litt. Mit Atebrintabletten war ich in wenigen Tagen völlig gesund.

Warum erzähle ich diese Geschichte? Ich möchte zeigen, daß es möglich ist, innerhalb des analytischen Prozesses eine körperliche Krankheit mit fast voller Sicherheit festzustellen: wenn nämlich, obschon die Beziehung zwischen Analytiker und Analysand nicht auf ein Hindernis stößt, das analytisch erklärt werden könnte, der analytische Prozeß nicht in Gang kommt. Ein derartiger Verlauf ist wie ein Signal zu beurteilen. Der Analytiker ist dabei in einer beinahe günstigeren Ausgangslage als der somatische Mediziner, der nur sagen kann, es handle sich wahrscheinlich um eine psychogene Störung, weil er nichts Somatisches findet.

Unvergeßlich bleibt mir ein junger Mann, der mir aus einem Spital zur Psychoanalyse zugewiesen wurde. Er litt unter schwersten Angstzuständen. Man hatte ihn durchuntersucht und keine Befunde erheben können. Ich nahm den Patienten in Behandlung. Nach fünf oder

sechs Sitzungen begann er während der Stunde plötzlich heftig zu schwitzen, entwickelte eine Rötung im Gesicht bis unter die Haarwurzel und zitterte stark. Ich brach die Behandlung ab und untersuchte ihn körperlich. Er hatte hohes Fieber und einen verdächtigen Lungenbefund. Ich schickte ihn als Notfall zum Röntgenologen, der eine tuberkulöse Kaverne feststellte. Der Patient trat am gleichen Abend in ein Sanatorium ein. Die Ärzte im Spital hatten vier Wochen zuvor nichts gefunden, weil noch nichts nachzuweisen war. Aber die Angstzustände stellten ganz offensichtlich die Vorläufer der schweren Erkrankung dar.
Es kann gar kein Zweifel darüber bestehen, daß es innerhalb des analytischen Prozesses Zeichen gibt, die die Diskrepanz zwischen bestimmten Reaktionen des Patienten und den zu erwartenden emotionalen Mitbewegungen so auffällig in Erscheinung treten lassen, daß es dem Analytiker möglich ist zu zeigen, daß der analytische Prozeß aus einem Grunde, der außerhalb des analytischen Geschehens liegt, nicht zustande kommen kann.
Natürlich ist das nur möglich, wenn die analytische Beziehung entsprechend den Gesetzmäßigkeiten der Theorie der Technik und unter Einhaltung dessen, was man die analytische Situation nennt, eingeleitet und weiterentwickelt wird. Man kann nicht in jedem Falle, in welchem die Analyse blockiert ist, sagen, es handle sich um eine Störung, die nicht psychogen sei.

Die großen Schwierigkeiten, die die jungen, angehenden Analytiker immer wieder zeigen, liegen jedoch nicht in der Abschätzung der psychogenen oder somatischen Ursache der Symptome ihrer Patienten. Sie liegen vielmehr darin, daß sie dazu neigen, überall die Abwehr zu sehen und die fundamentale emotionale Bereitschaft des Analysanden in der Form, in welcher er sie anbietet, zu wenig wahrzunehmen und auch nicht entsprechend zu beantworten.
Spricht der Analytiker auf seinen Analysanden an, so bilden sich Widerstände aus. Es sind Übertragungswiderstände. Sie sind dadurch charakterisiert, daß sie in der Regel ichsynton empfunden werden, obschon sie im analytischen Prozeß wie Fremdkörper wirken. Übertragungswiderstände spiegeln sich keineswegs nur in den Abwehrmechanismen wider. Das Verhältnis ist ein anderes. Um es darzustellen, muß ich die Beziehung beachten, die zwischen dem Übertragungswiderstand und dem Wiederholungszwang, den Freud als den Widerstand des Es bezeichnete, besteht. Diese Beziehung ist auch dafür verantwortlich, daß ich

eine Deutung des Übertragungswiderstandes von einer rekonstruktiven Sinndeutung unterscheide.

Ich will den neurotischen Analysanden mit dem großen Gulliver vergleichen, der von den kleinen Zwergen mit tausend Fäden an den Boden festgebunden wurde. Deutungen von Übertragungswiderständen lassen sich metaphorisch mit dem Zerschneiden einzelner solcher Fäden gleichsetzen. Jedesmal, wenn das gelingt, bewegt sich Gulliver etwas mehr. Bald kann er den Fuß heben und mit der einen Hand ein Zeichen geben. Noch eignen sich seine Bewegungen nicht zu einer zusammenhängenden, sinnvollen Handlung. Je weiter dieser Entfesselungsprozeß aber fortschreitet, desto näher kommt der Moment, an dem Gulliver die erste koordinierte Ausdrucksbewegung machen kann. Beziehe ich dieses Bild auf den dynamischen Verlauf des analytischen Prozesses, so kann ich sagen, daß der Analysand in diesem Moment die Übertragungsbedeutung verändert. Die bisherige Rolle, die der Analytiker in der Übertragung gespielt hat, wird von einer nächstfolgenden Rolle abgelöst. Die Zusammenhänge, die sich aus den Erlebnissen der Kindheit ergeben, bestimmen diese Rollen. Es geht aber nicht darum, im Deutungsprozeß diese Rollen hervorzuheben und mit der Bedeutung, die der Analytiker für den Analysanden hat, gleichzusetzen. Es geht vielmehr darum, den Sinn der Ausdrucksbewegung Gullivers, so bruchstückhaft sie sich zunächst noch darstellt, zu erkennen, zu verstehen und zu deuten. Danach kann der Bezug zur Projektion, zur Rolle, die der Analytiker dabei gespielt hat, aufgeklärt werden. Diese rekonstruktiven Deutungen beschreiben das, was die bereits befreite Emotion zeigt, und nicht das, was sie hemmte. Je weiter der analytische Prozeß fortschreitet, desto umfassender kann sich Gulliver bewegen und desto komplexer und vielsagender sind auch seine Ausdrucksmöglichkeiten. Diese Ausdrucksmöglichkeiten sind die Sprache des Unbewußten.

Jede rekonstruktive Deutung stabilisiert die in statu nascendi befindliche Wandlung der Übertragung und macht es möglich, daß im weiteren Verlauf diese neue Übertragungsform Gestalt annimmt und so stark belastbar wird, daß die nächst tiefere Schicht im psychischen Erleben reaktiviert werden kann.

So kann der analytische Verlauf entlang den Linien von Übertragungswandlungen verstanden werden. Eine Übertragung kann zum Beispiel positiv und von zärtlichen Gefühlen bestimmt sein, die mir, dem Analytiker, die Eigenschaften eines liebevollen, verständnisvollen Vaters zuweisen. Dann ändert sich die Beziehung, und ich werde zu einer Figur, die einer distanzierten, strafenden, harten und kühlen Mutter entspricht. Schließlich kann sich eine neue Form der Übertragung entwickeln, in welcher die Beziehung fürsorglich helfende Züge zeigt oder sich autoritär-beängstigend färbt.

Ich hatte davor gewarnt, solche Rollen im Deutungsprozeß frühzeitig in den Vordergrund zu stellen. Es besteht jedoch kein Zweifel, daß sie auftreten. Sie drängen sich schließlich geradezu auf und führen in meiner analytischen Reflexion zu dem, was ich einen Summationseffekt nannte. Ich fühle mich durch die Fülle der Assoziationen des Analysanden veranlaßt, die Bedeutung, die ich in der Übertragung einnehme, zu deuten. In der Phantasie des Analysanden stelle ich eine wichtige Figur seiner Kindheit dar. Ich deute diese Phantasie und gebe nicht etwa eine Bestätigung dafür, daß diese Phantasie der analytischen Wirklichkeit entspricht.

Die Wirkung, die eine rekonstruktive Deutung auf das Übertragungsgeschehen hat, verifiziert die Richtigkeit oder die Unrichtigkeit der Deutung. War eine rekonstruktive Deutung zutreffend, verändert sich danach die Übertragungsebene, während die Übertragung nach der Deutung eines Übertragungswiderstandes eine neue Färbung annimmt.

Wenn nach einer rekonstruktiven Deutung ein regressiver Prozeß einsetzt und sich heftige Widerstände zeigen, war die Deutung falsch oder unvollständig oder nicht zeitgemäß. Ich habe mich dann getäuscht oder es ist mir nicht möglich gewesen, dem Analysanden klarzumachen, worum es in seinem Erlebnisbereich geht.

Ich bin mit meinem Analysanden zusammen, um zu versuchen, das zu deuten, was ich verstehe. Oft geht es nicht, und ich versuche es immer wieder, während Wochen und Monaten. Ich nähere mich allmählich einem zentralen Geschehen, das ich nicht erkenne. Nichts stimmt wirklich, was ich sage. Rekonstruktive Deutungen sind nicht mit Ostereiern zu vergleichen, die irgendwo versteckt sind und die ich plötzlich finde, wenn ich lange und aufmerksam suche. Es handelt sich auch hier um Prozesse, die sich entwickeln. Manchmal muß ich viermal, fünfmal oder zehnmal ansetzen, bis plötzlich etwas stimmt. Das sind die Kämpfe, in denen ich stehe, und das ist es, was sich in der psychoanalytischen Technik von dem niederschlägt, was Freud in einer der Nachschriften zu »Hemmung, Symptom und Angst« so ausdrückte: Der Widerstand des Es, der Wiederholungszwang, ist unangreifbar.

Den Wiederholungszwang kann ich nicht durch Deutung lösen oder beheben. Nur die Integration einer Einsicht, ganzer Einsichtsserien, verändert den emotionalen Bereich in der Beziehung, und nur solche Veränderungen in der emotionalen Dynamik können dazu führen, daß sich der Wiederholungszwang mäßigt. Das sind Prozesse, die im Übertragungsverlauf, durch die ganze Analyse hindurch, vielleicht – jedenfalls erst sehr spät – zustandekommen.

Aus meinen Ausführungen über die psychoanalytische Technik kann jedermann sehen, daß ich meinen persönlichen Standpunkt stärker berücksichtigt habe als allgemeingültige Ansichten. Damit wird auch sichtbar, wer ich bin, was ich vertrete und wer ich nicht bin und was ich nicht vertrete. Es zeigt sich an meiner Art und Weise, wie ich mich zum Analysanden einstelle, wie ich versuche, den analytischen Prozeß einzuleiten, aufrechtzuerhalten und zu vertiefen, wie ich den Deutungsprozeß und die Verifikationen, die den Deutungsprozeß als sinnvoll bestätigen oder als irreführend widerlegen, beurteile und wie ich schließlich auch die Folgen einschätze, die ein analytischer Prozeß hat.
Ich habe mich gefragt, ob es sinnvoll sei, einen derart persönlichen Standpunkt öffentlich zu vertreten und anderen zuzumuten, all dem zu folgen, was möglicherweise nur für mich und meine individuellen Neigungen und Konfliktdispositionen wichtig ist. Meine Darstellung der Theorie und Praxis der psychoanalytischen Technik ist nicht deshalb so subjektiv gefärbt, weil ich sie nicht objektiver und allgemeingültiger hätte vortragen können. Die ganz persönliche, subjektive Färbung ist auch nicht deshalb entstanden, weil ich glaube, meine Art und Weise, analytisch zu arbeiten, sei besonders empfehlenswert, besonders wirksam oder in sonst einer Beziehung etwas Besonderes. Ich hatte die Absicht, die Wirklichkeit, wie ich sie erlebe und in meiner Arbeit als Analytiker beurteile, so direkt und unverfälscht darzustellen, wie es mir möglich ist. Für den, der meinen Text bis hierher verfolgt hat, kann es nicht darum gehen, meine Ausführungen anzunehmen oder abzulehnen, vom einen überzeugt, vom anderen enttäuscht zu sein. Wer immer noch hofft, all das zu finden, was fehlt, hat nicht verstanden, daß es darauf ankommt, die Wirklichkeit, die für *ihn* maßgebend ist, und die *er* in seiner analytischen Arbeit erlebt und zu beurteilen hat, für sich selbst zu erkennen. Ich meine, daß bei einem solchen Prozeß nicht nur ich, sondern jedermann zu sich sagt: »Ich baue mir den Kasten selber, in dem ich sitze, und ich springe ins Feuer, das ich mir selbst gelegt habe.«
Was soll das heißen?

Es heißt nicht mehr und nicht weniger, als daß immer der der Betroffene ist, der sich aussetzt. Als Analytiker setze ich mich aus. Die Hilfsmittel, die ich habe, um mich vor Ängsten und Konflikten zu schützen, sind die Hilfsmittel des Analytikers, die ich beschrieben habe: die Einhaltung des analytischen »setting«, das heißt des äußeren Rahmens, in welchem sich die Analyse abspielt, die Kenntnisse der Metapsychologie und die Kenntnisse der Theorie der Technik. Mein Analysand legt die Fallen, die er legen muß. Er schaut und wartet. Er stellt sich nicht die Frage, ob ich in diese Fallen trete oder ob ich ihnen auszuweichen verstehe. Es stellt sich die Frage, ob ich es verstehe und ob es mir möglich ist, die unbewußten Motive zu durchschauen. Die Fallen, die der Analysand legt, sind nicht Fallen, die mir persönlich gelten. Es sind die Fallen, die er allen und, in erster Linie, sich selber legt. Als Analytiker muß ich das annehmen und mich weder auf die Probe gestellt fühlen noch meinen, der Analysand mache dieses oder jenes, um mir etwas anzutun.

Als Analytiker stehe ich dauernd in Motivationszusammenhängen, in denen ich nicht kreisen möchte, aus denen ich mich auch nicht befreien möchte, denn es kommt darauf an, daß die Analyse nicht wie ein Stein ins Wasser fällt, der Kreise bildet, aber untergeht, und die Kreise enden und nichts ist geschehen, als daß jetzt irgendwo auf dem Grund ein Stein liegt. Als Analytiker lasse ich mich nicht in den analytischen Prozeß ein, um etwas zu beweisen. Ich lasse mich auch nicht ein, um nichts zu beweisen. Ich gehe mit meinem Analysanden einen Weg. Jeder Analytiker geht mit seinem Analysanden einen Weg. Alle sind voneinander verschieden.

Wohin führt dieser Weg?

Wenn aus der dialektischen Erfassung eines Geschehens Methoden entwickelt und angewandt werden, die Fremdes, in sich Geschlossenes, Unverstandenes vertraut, geöffnet und verständlich werden lassen, darf, was sich entwickelt, nicht verlorengehen und zerfließen. Was sich da zeigt, war schon immer da. Es war isoliert, allein, ohne Verbindung zu anderem. Jetzt wird es in Funktionskreisen gehalten, die zunächst auch zum Analytiker gehören, sich dann aber von seiner Person und seinem Einflußbereich lösen und zu den Funktionskreisen werden, die dem Analysanden und seinem Einflußbereich entsprechen.

Dorthin führt der Weg. Es gibt keine Ziele, die ich oder mein Analysand ins Auge fassen können, um dorthin zu gelangen, wo der analytische Prozeß hinstrebt.

In der Analyse kreist alles immer um die gleichen Erfahrungen. Unausweichlich auftretende Ziele, die der Analysand und der Analytiker bewußt, vorbewußt oder unbewußt anstreben und erreichen wollen und auch irgendwie gezwungen sind, als Hilfsvorstellungen miteinzubeziehen, werden als eine illusionäre Interpretation der Analyse selbst entlarvt und relativiert. Der analytische Prozeß ist ziellos. Wie alle anderen Entwicklungen im Leben können bestimmte Ausformungen, Ergebnisse, Resultate erst erkennbar sein, wenn sie sich eingestellt haben. Der analytische Prozeß folgt den Linien, die immer wieder Zielsetzungen relativieren. Die Dynamik, die sich daraus entwickelt, läßt schließlich die Flexibilität und Elastizität im Ich entstehen, die eine Neuformulierung der Konfliktneigungen ermöglichen. Diese Neuformulierungen lassen sich durch kein Regelsystem bestimmen. Sie sind weder vorauszusehen, noch können sie vorausgeplant werden. Sie entstehen oder sie entstehen nicht. Ihre Verwirklichung kann durch den analytischen Prozeß gefördert, aber nicht erzwungen werden. Solche Neuformulierungen können sich auch ohne Analyse im Leben der Menschen einstellen, wenn innerpsychische Dispositionen und gesellschaftliche Verhältnisse eine Entwicklung in dieser Richtung begünstigen.

In vielen Fällen vermag sich auch ein sorgfältig geführter analytischer Prozeß gar nicht so weit zu entfalten, daß sich die beschriebene Flexibilität in der Beurteilung der eigenen Konfliktneigungen wirklich einstellt. Statt dann von Fehlern des Analytikers oder einer frühzeitigen Erstarrung des Analysanden zu sprechen, die den analytischen Prozeß blockieren, ziehe ich es vor, die gesellschaftlich bedingten Zwänge, denen Analytiker und Analysand wie jedermann ausgesetzt sind, als einen oft entscheidend ins Gewicht fallenden Faktor in Betracht zu ziehen. Dann zeigt sich, daß die sozialen und ökonomischen Strukturen der Gesellschaft, in der wir alle leben, auf jeden von uns einen derartig nachhaltigen repressiven Einfluß genommen haben und weiterhin nehmen, daß das gemeinsame Vorhaben der analytischen Partner von einem gewissen Punkt an wie gelähmt erscheint. Es ist dann so, als ob das positivistische Denkmodell, das die herrschenden Gesellschaftsstrukturen so überaus deutlich charakterisiert, mit seiner Überbewertung von Zielsetzungen, leistungsbewußter Aktivität, polaren Wertungen usw. in allen Belangen des menschlichen Erlebens dominierte. Der Versuch, sich anders einzustellen und eine größere innere und äußere Autonomie zu gewinnen, als es die Gesellschaftsmoral für den Einzelnen vorsieht, scheitert bei beiden Partnern des analytischen Prozesses gewöhnlich weniger an den realen, greifbaren Einschränkungen, die sich aus der Sozialsphäre ergeben, als an den meist unbewußten Überichforderungen, sowohl des Analytikers als auch des Analysanden, die den Verzicht auf die immer schwierigere Fortsetzung der gemeinsamen Arbeit erzwingen.

Taschenbücher Syndikat / EVA
Psychologie

Band 9 Paul Parin
Der Widerspruch im Subjekt
Ethnopsychoanalytische Studien
240 Seiten, ISBN 3-434-46011-X

Band 16 Hermann K. A. Döll
Philosoph in Haar
Tagebuch über mein Vierteljahr in einer Irrenanstalt
208 Seiten, ISBN 3-434-46016-0

Band 27 Klaus Dörner
Bürger und Irre
Zur Sozialgeschichte und Wissenschaftssoziologie der Psychiatrie
362 Seiten, ISBN 3-434-46027-6

Band 52/53 Daniel Paul Schreber
Denkwürdigkeiten eines Nervenkranken
388 Seiten, ISBN 3-434-46052-7

Band 72 Fritz Morgenthaler
Technik
Zur Dialektik der psychoanalytischen Praxis
152 Seiten, ISBN 3-434-46072-1

Band 74 Martin Dannecker
Der Homosexuelle und die Homosexualität
Mit einem Nachwort: AIDS und die Homosexuellen
Etwa 140 Seiten, ET: Mai '86,
ISBN 3-434-46074-8

Band 79 Janine Chasseguet-Smirgel (Hrsg.)
Wege des Anti-Ödipus
Mit einem Nachwort von Caroline Neubaur
192 Seiten, ISBN 3-434-46079-9

Taschenbücher Syndikat / EVA
Psychologie

Band 4	Giovanni Jervis **Kritisches Handbuch der Psychiatrie** Aus dem Italienischen von Maja Pflug und Traudi Pulz 432 Seiten, ISBN 3-434-46004-7
Band 8	Maud Mannoni **Der Psychiater, sein Patient und die Psychoanalyse** Aus dem Französischen von Katharina Bischoff und Hans-Jürgen Grune 280 Seiten, ISBN 3-434-46008-X
Band 18	**Die neuen Narzißmustheorien: zurück ins Paradies?** Herausgegeben vom Psychoanalytischen Seminar Zürich 204 Seiten, ISBN 3-434-46018-7
Band 29	A. Mitscherlich / T. Brocher / D. von Mering / U. Horn (Hrsg.) **Der Kranke in der modernen Gesellschaft** 552 Seiten, ISBN 3-434-46029-2
Band 44	Jean Piaget **Probleme der Entwicklungspsychologie** Kleine Schriften 144 Seiten, ISBN 3-434-46044-6
Band 47	Sigrun Anselm **Angst und Solidarität** Eine kritische Studie zur Psychoanalyse der Angst 230 Seiten, ISBN 3-434-46047-0
Band 69	Dieter Spazier **Der Tod des Psychiaters** 235 Seiten, ISBN 3-434-46069-1

Taschenbücher Syndikat / EVA
Philosophie

Band 28 Ernesto Grassi
Die Macht der Phantasie
Zur Geschichte abendländischen Denkens
288 Seiten, ISBN 3-434-46028-4

Band 36 Hans Ebeling
Der Tod in der Moderne
256 Seiten, ISBN 3-434-46036-5

Band 41 Max Horkheimer / Theodor W. Adorno
Sociologica
Reden und Vorträge
242 Seiten, ISBN 3-434-46041-1

Hans Peter Duerr (Hrsg.)
Der Wissenschaftler und das Irrationale

Band 56 Beiträge aus Ethnologie
und Anthropologie 1
192 Seiten, ISBN 3-434-46056-X

Band 57 Beiträge aus Ethnologie
und Anthropologie 2
212 Seiten, ISBN 3-434-46057-8

Band 58 Beiträge aus Philosophie
304 Seiten, ISBN 3-434-46058-6

Band 59 Beiträge aus Psychologie
268 Seiten, ISBN 3-434-46059-4

Alle 4 Bände zusammen in einer Kassette,
ISBN 3-434-46060-8

Band 64 Hans Ebeling / Ludger Lütkehaus (Hrsg.)
Schopenhauer und Marx
Philosophie des Elends – Elend der Philosophie?
232 Seiten, ISBN 3-434-46064-0